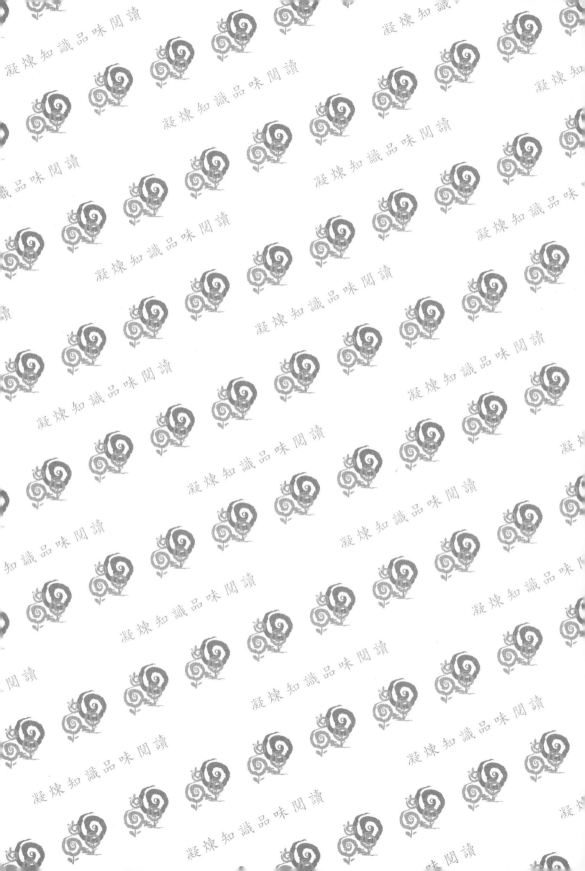

清晰論法

公司法基礎理論

董事篇

增訂第二版

黃清溪 著

五南圖書出版公司 印行

修訂版序

　　公司法是公司企業的基本法，公司法本身要跟隨社會、經濟以及國際的環境變化，亦步亦趨地修正更新，也就是與時俱進的公司法，才能應對社會的需求。

　　近來科技日新月異的創新，經濟已形成全球化，導致經濟社會環境的迅速且巨大的變化；而我國公司法卻未能跟上步伐適時進化，處處已呈現陳舊老化、不合時宜的跡象，迫使2018年公司法的大幅度修法，是時代趨勢所必然的結果。

　　法律是一門「說服的學問」，在法理上要有說服力，才能獲得各界臣服接受，其中理論的健全性以及結論的妥當性，則是最基本的二個要件。

　　理論的健全性是指達成結論的理論過程，需要精確分析、多角度思考，以及正確的思維邏輯，都必須做到面面俱全。至於結論的妥當性，則是與一般社會價值觀一樣，要能讓每個人都接受的妥當結論，它就必須明示為什麼非得採取這個結論（即必要性理由），以及為什麼可以採取這個結論（亦即容許性理由）。

　　理論的健全性與結論的妥當性之確保，是本書執筆者一貫堅持的態度。對本次的公司法大修改，筆者本著同樣的觀念，對於修正或增訂的條文，逐一加以檢討與評論。顯然可以發現，本次修法中，確實值得肯認的居多，但其中屬輕率修改（理論健全性欠缺）有之，不必要或不妥切的修改（結論妥當性不足）也不少；簡言之，本次修法似乎存在「有改就好」的心態，所以並非改得全部都對，無法獲得全戰全勝的圓滿結果。

　　這次修法中，有關董事制度大大小小的修改有十幾處之多，本書名為

「董事篇」，這些當然是本書所繫屬事項，對於相關修改的內容，必須再追加解說與論述，並將疑問點或未來課題也儘量扼要闡明，是筆者職責所在，故因而發行本書之修訂版。另因受限於本書是一般論述書籍性質，非論文之著作，無法將每處深入論究的全部過程呈現出來，而留下意猶未盡遺憾之感。

　　這次修訂版能順利推出問世，稿件的整理、校對，以及出版社之交涉折衝，全程端賴社團法人清溪公司法研究會的所有成員辛勤效力，特別是黃鋒榮同學的投入，在此均深表謝忱。

序

　　在高雄大學任教之課餘，集結有志精進之法曹界同好組成「清溪公司法研究會」，持續公司法法學之探討，已歷時數載。每位研究會成員平日案牘勞形之餘，每每寒窗孤燈，戰戰兢兢地準備報告資料，真摯虔誠地參與討論，會後並不厭其煩地反覆修正原稿。如此累積的研究結果，一小部分已集結成書，於日前付梓問世。

　　研究會的研究方向係採理論與實務並重齊行方式，對於實務方面的資料收集，較為得心應手，沒有難倒成員們；然而對於理論方面的參考文獻資料，則顯得困難重重，「國內找不到參考資料」、「國內少有涉論」或「論而不深，一語帶過」等類似怨嘆之聲，不絕於耳，這種現象也同樣發生在我任課的研習討論中。因此，有關基礎理論與學說的介紹提示，是研究會主持人的一項重要職責。數年來所累積的書類資料，加上記錄研究會成員所發表獨特見解之筆記，匯集而成撰寫本書的基礎資源。

　　又前述研究會成員共同執筆的問答集（『清晰論法：公司法爭議問題研析──董事篇』），內容以各自問題為主軸，拘泥一方，欠缺整體連貫性，是在所難免；同時，問答集偏重於答案的提示，無法針對理由暢述其理論。鑒於此，另外提供一本整體聯貫統一論述的伴讀書，以及闡明理論背景、法理依據的補助讀本，勢所必要，也由於如此的勸進，一再催促，成為本書的強效催生劑。

　　缺乏自我主張或創見，是不能成為一篇論文，而沒有將自己的見解融入內容中，也不會是一本好書。本書非以此為念，但是書中確實處處可見個人的想法與主張，批評指摘的論點亦隨地可拾，算是一本主觀性極濃的

小書。因此，筆者特此聲明：書中見解絕非獨到卓見，更不是完璧無瑕之立論；反而可能是滿篇獨斷偏見，令人不忍畢讀。怎奈自己執意出書，說不上野人獻曝，倒是獻醜賣臭一番，乃欲向平寂無波的法學界投下一石，若能招引絲微批評議論之波紋，吾意已足，吾心亦滿。

　　本書自起稿到定稿付梓，獲得黃國川、黃鋒榮、楊有德及魯軒宇等同學諸多協助，研究會各位成員在相關議題中，提供不少意見，均功不可沒，特此致謝；本書內容之文責，概由本人負責，自屬當然。最後，謹誠摯懇祈社會賢達與學界智士，不吝批評指教，是為至禱。

黃清溪

目錄

第一章

董事制度

第一節　總說

一、董事會與公司經營

　　以營利爲目的之私營企業制度，是依據出資人集體的意見（總意）進行企業的支配與營運，這是當然的事理。私營企業態樣之一的股份有限公司也維持部分該原則，由出資人（股東）組成的股東會是公司最高的意思決定機關，實質支配公司，但排除由股東直接經營公司。通常擁有爲數眾多股東之股份有限公司，由股東直接經營非僅不切實際，也無法有效經營。據此理由，股份有限公司在制度上，採行經由股東會選任經營專家，委任其經營公司，股東會交出經營權，保留支配權，創造出一劃時代嶄新的所有與經營分離的現代企業模式。

　　在所有與經營分離的企業制度下，公司商品生產、販售、技術研發、財產、人事等公司經營活動，即公司的經營權（也稱爲業務執行權）劃分給董事會，股東會保存攸關股東地位之支配權（公司社團組織行爲的權限）[1]。董事會稱爲業務執行機關，股東會則是公司最高的意思決定機關。但爲權責遂行以及防止權限濫用考量，公司法上兩者權限呈現部分交錯規定亦有之，例如股東會召集權限雖純屬組織行爲卻將此權限分派給董事會（公司法第171條），又公司重大經營政策決定權限規定在股東會下（公司法第185條），即爲具體事例。

　　我國股份有限公司法制在民國90年公司法修改以前，存在著董事個人爲獨立業務執行機關，以及董事長代表機關。同年的修法導入美國制度中董事會爲業務執行機關的設計，董事的地位變成董事會構成的一分子而

---

[1]　股東會是由公司出資人之股東爲構成員而組成的唯一機關。在公司機關相互間之關係是居於最高的位置，對公司擁有支配權，蓋股東係自願出資而成立的共同企業形態——公司的所有人，其所有人之集合體股東會，爲公司最高意思決定機關是當然的結果。

已，更具體的說，董事已不是公司的機關[2]，而董事會從董事中選出董事長，行使公司代表行爲。公司法採用了這種新型機關構造，期待股份有限公司制度在我國經濟社會能如同美國般正常有效的運作。但是，我國股份有限公司的實際狀況卻存在著諸多重大問題，法理的深透、實務的落實，都需要一段時間的努力實現，欲讓這制度運作走上正常軌道，還有很多難題要克服。

例如，我國現有之大型、公開發行之股份有限公司，多數是屬於家族公司或是國有民營化公司，前者由創業者家族爲大股東，後者由政府法人持有多數股份，公司之支配權及人事權，由創業者家族或政府法人牢牢掌握著。原本制度的設計是股東會選任有專營資質的專才人士，委任其爲董事，負起公司經營的重責大任。但是這些公司董事、監察人之選任，多以鞏固家族或政府法人自身利益爲考量，充滿濃厚的禁衛性或酬庸性，並非單純爲公司利益著想，也不是適才適用、唯才是用的選任方式。還有一項加劇董事會無機能化的因素，就是國內盛行股東會出席開會的委託書收購制度，實際上國內的股東會如果沒有使用委託書，幾乎達不到法定的出席門檻而無法開會；因此，大量收購委託書勢在必行，公司當權派在種種的優勢條件下，從委託書爭奪戰中獲勝是必然的結果。經營者如此長期穩如泰山的地位，導致怠慢與濫權的經營，拖垮或掏空公司也不足爲怪。

又在爲數眾多的中小型公司，採行股份有限公司制，雖不能說是全然，但絕大多數的公司經營者，無心或無力去遵守適用繁雜的公司法規定，連最基本的要件：最少每年召開定期之股東常會或是每三個月一次的董事會，一概不開的公司比比皆是，更不能奢論其建立董事會的機制。國內公司制度的營運如此落後、不健全，不僅投資者躊躇不前，也會令內部投資者驚走遠離，如何使我國公司制度營運透明化、健全化與效率化，是

2　不同見解，認爲個別董事仍屬公司之法定、必備之業務執行機關。參照王文宇，公司法論，元照出版社，95年3版，第312頁。

當前的急務。也要如此，才能讓我們的企業在國際舞臺上堂皇登場，在全球經濟市場活動中耀然取勝。

二、認識董事

　　現今社會生活諸要素如基本之食、衣、住之外，包括交通、物流、金融、情報、醫護以及娛樂等等，絕大部分由股份有限公司之企業所提供。無股份有限公司的存在建構不成今日的社會，絕非誇張之詞。擔負如此重擔之股份有限公司，竟然是受股東委託之董事在運作經營。

　　公司運作首先得決定公司經營方針，謂之「決定機能」；將決定內容確實實行，謂之「執行機能」；確認如實執行決定內容，謂之「監督機能」；公司之運作經營是否違反章程法令之檢查，謂之「監察機能」。四種機能俱全公司始能正常運作。董事最低限度受託承擔「決定機能」與「監督機能」。例如擔任執行董事或董事兼任經理、總經理、部長等，則要負起「執行機能」；設置委員會之公司，其審查委員會是由董事充當，則也要分擔「監察機能」，公司機能由董事全盤操作並非稀事。

　　董事英文是「Director」，是由「將事情導往一定的方向」之原語「Direct」衍生，道出董事本質之用語，由此可以認識董事真正任務是作「決定」。當然公司之所有者、支配者股東在章程上決定了公司的「事業目的」，立下了公司的基本目標，但那是很籠統的方向性決定，具體如何實現該目的，則是董事的經營判斷與決定。

三、董事與員工之差別

　　如要對董事之本質深入瞭解，將董事與員工地位對比探討是極為有益之舉。公司董事與員工地位之差別，出自於其與公司間契約效力的不同。

公司與員工之間所定的是僱傭契約，所謂僱傭契約直如條文所示「約定為他方服勞務，他方給予報酬」（民法第482條），指員工遵從公司之指揮命令從事勞動之契約。對於業務的指向，進行方法之檢討判斷，進而為各種指示命令是公司的權限，員工僅聽從公司指示提供「勞動力」而已。

反之，公司與董事間所締結的是委任契約（公司法第192條第4項）。委任契約依通俗的說法，是通常人自己做不了的困難事務依賴該行業專家處理之契約，所謂行業專家的代表最常被舉例的是醫生、律師、神道人士，這三者自古以來稱謂為「專門職業」人士，病人求治於醫生、繫訟者依賴律師處理法律問題，信徒仰望神道人士除迷解惑，這種依賴元素就是「委任」。隨著社會活動細緻化與生活多元化，所謂「專家」之範圍擴大，即隔行如隔山，社會上將這些依賴專家之契約，法律統一規範為委任契約。此二種契約基本上有如下之不同：

(一)責任範圍

公司與董事間之關係是委任契約，公司將公司之經營委任經營專才的董事處理，董事接受這個委任之意思，就任後董事對於公司之經營就如同醫生、律師之受託，必須負起「專家」的責任。所謂「專家的責任」是說受託專家對受託事務應本著專家的良心，謹慎地遂行職務，這也是受託人本質上的義務。法律將此義務統稱為「善良管理人注意義務」，又通稱為「善管注意義務」。醫生對待病人，律師對待依賴者均應負起該注意義務，董事與公司是委任關係，當然，董事對公司同樣要負善良管理人注意義務。

董事對公司應負善良管理人注意義務，這一關鍵詞，將是往後思考攸關董事問題之核心點，董事的任務一言以蔽之，就是要盡善良管理人注意義務。反之，居於僱傭契約的員工，就沒有課予這種嚴格的義務。

(二)身分保障

員工是聽從公司指揮監督被動性的工作，勢力無法與公司並比，是社會的弱勢族群。因此，公司對員工解除僱傭契約時，有「合理的理由」以及「相當性」之要件限制，又謂之「解僱理由限制原則」（勞基法第11條）。以公司裁員為例：1.人員裁減真有必要；2.為避免解僱確實盡了相當努力；3.被解僱對象的篩選具有妥當性；4.與被解僱人員很誠意進行說明溝通協議。這些缺一不可下，還得俱備「合理的理由」與「相當性」，並須一定期間前預告解僱（勞基法第16條）。

相較於董事之委任契約，一貫採行「相互解約自由原則」（民法第549條第1項）。委任契約是認委託人與受託人間存在的信賴關係為基本要素，一旦信賴喪失，基礎不固，當事人任何一方，得隨時終止契約。僅當事人一方，於不利於他方之時期終止契約者，應負損害賠償責任，但因非可歸責於該當事人之事由，致不得不終止契約者，則免除賠償責任。

公司與董事間之委任契約也不例外適用「相互解約自由原則」。當董事對公司失去忠實感時，隨時可以辭職走人；反之，公司對董事失去信賴時，也隨時可以解任不留人，公司法第199條第1項就規定「董事得由股東會之決議，隨時解任」。被解任之董事可向公司請求損害賠償，但如有正當理由解任者即不得請求。董事得由公司隨時解任，無任何身分保障，與適用「解僱理由限制原則」之員工，其身分保障大有不同。

(三)對價保障

再者，員工本於僱傭契約，於公司歇業、清算或破產積欠未滿六個月工資部分與第一順位抵押權、質權或留置權所擔保之債權有相同的受償順序，按其債權比例受清償；未穫清償部分有最優先受清償之權（勞基法第28條第1項），此即「員工優先受償特權」。尤其立法例上更有公司債務超過之「特別清算」制度，員工的債權與清算協議無關，得隨時全額支

付。此均基於員工係社會經濟上弱者，必須保護其生活條件而來。

對於以「經營專家」受聘之董事，因非社會之弱者，沒有特別保障必要，因此董事報酬債權與公司一般債權同等受償，甚至偶而還會遭受「公司倒閉的負責人，還有什麼臉出來受償。」的嚴厲指責。

四、董事加重責任減輕

董事與公司間關係由於適用委任契約規定之故，董事因任務懈怠致使公司受有損害，就該負債務不履行責任（民法第544條），但公司經營既全面委由「經營專家」之董事、董事會全權掌握公司命運，基於權責相衡考量，若適用民法上開規定，顯無法充分保護公司利益，故而特別於公司法第23條第1項加重董事的責任。

公司是以營利為目的，經營本質上就帶有風險。董事於業務執行而為經營判斷時，囿於經營環境變化莫測，判斷失誤情形無法完全避免，如因而導致公司受損，是否亦須負責賠償？就此，英美法採「經營判斷法則」，即董事從事業務執行，如履行合理手續且誠實執行，縱事後檢視判斷不當，確有注意義務違反，仍不該追問董事責任，減輕董事責任的負荷。

董事僅對公司負擔義務，至對他人（第三人），除侵權行為責任之外，不負責任。但股份有限公司於當今經濟社會處重要地位，而其經濟活動又是仰賴公司機關董事會之業務執行，有鑒於此，公司法第23條第2項規定，董事對於公司業務之執行，如有違反法令致他人受有損害時，對他人應與公司負連帶責任，擴大董事之責任範圍。

五、董事與公司營運之四種機能

股份有限公司是股東為實現目的之事業，由其等出資結合而成之事業體制，享受公司利益分配，清算後剩餘財產之歸屬者，公司破產時就出資額負擔責任。股東既是公司資本提供者，公司利益之享有者，又是公司風險最終承擔者，因此法律上公司之所有者當然是股東應無置疑。

公司之所有人是股東，正如國家主權在國民，公司之所有掌控，以及營運原則上本來均應是股東，即所謂「股東主權原則」。但因股東人數眾多，為便於行事，及經營專業非一般股東得以勝任，故於制度上乃規劃釋出一部分主權而將公司營運權歸屬（委由）專家處理。

上面已概略述及，公司啟動必須要有「決定」、「執行」、「監督」、「監察」四種機能，以下依順稍加詳述。

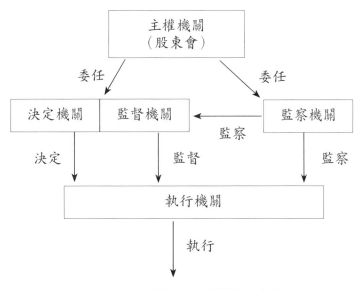

公司營運四種機能示意圖

　　公司機能要啓動，首先要決定「要幹什麼」，這個作業稱之「決定機能」。公司要幹什麼是由公司所有人決定，實際上由股東會決定基本方向，以章程上目的之方式呈現。但是章程上目的之記載極爲簡略，如「電子產品之開發、生產、販賣」，充其量是電子公司之目的，仍須藉由如何開發產品、開發何種產品、生產工場如何設置、市場價格等具體內容來決定，這個決定機能擔當之組織即公司「決定機關」。

　　基於「股東主權原則」，由股東會負起「決定機能」本天經地義，但是股東數眾多的公司，股東流動性大的公司，要股東會逐一決定各該事項乃強其所難，不合現實，唯一良策，即歸屬（委由）專家處理。

　　決定機關雖做了決定，決定內容無法自動實現，必須有擔當者把它執行。譬如董事會決定機關決議「購買工廠用地」，由誰實際行動尋找土地、進行買賣交涉、簽訂不動產買賣契約、籌措購買資金、最後完成土地登記等，一連串的作業實行。如此決定機關決定事項，付諸實行之作業稱爲「執行機能」。擔當此機能之組織就是「執行機關」。

　　決定機能與執行機能組織機關俱全的話，公司方能運轉，但說不上健全完善，無法保證執行機關如實實行決定機關之決定。如前所述，決定機關做了「購買工廠用地」決定，執行機關獨斷逕自購買了不合目的的土地，或則輕率不予調查購買到權利紛爭的土地，即不能達成決定機關之目的。爲要求執行機關誠實執行，在其執行過程就有加以監視監督必要，於執行機關做錯走偏時適時加以制止或指正。這種對執行機關業務遂行加以看守，必要時加以糾正的機能，稱爲「監督機能」，擔負此機能的組織稱之「監督機關」。

　　監督機關只對執行機關是否忠實「遂行」決定機關之決定監督，無法對決定機關之「決定」做檢查，因此有對決定、執行、監督機關有否爲違法或不當的作爲，全盤性加以檢視檢查之必要即不言而喻。例如，決定機

關為制壓同業競爭對手，不自量力將公司財力過度投資於設備，執行機關又一味忠實執行，公司經營失控，造成公司巨大損害之情，不勝枚舉。因此不僅執行機關要受控，對決定機關、監督機關之不法或不當之作為之檢查糾正機制也就不可或缺，這種機能被稱之「監察機能」，擔當之組織或人員稱之「監察機關」。監察機能之中對會計事項而為是「會計監察」，會計以外事項之監察謂之「業務監察」。監察與監督看似相似，實質兩者不同。監督是對執行過程全程緊盯著監視，檢視是否有違法或不當，必要時可施令制止或糾正。反之，監察是事後以客觀之立場依法令以及公正的基準檢查所作所為是否適法、妥當，發現有問題，僅提供報告指摘為止，不具有制止糾正權限。促使決定機關冷靜公平判斷，與執行現場保持適當距離，監察是有其意義與必要。

第二節　董事之資格‧選任與終任

　　投資者為股東，經由股東會選任董事組成董事會，委任其經營公司，此乃是我國股份有限公司制度建構的基礎，同時也是股東會定位為公司最高意思決定機關的根據之一，因此，董事選任之人事權是專屬於股東會。

一、董事資格‧人數

(一)法人董事

　　依公司法第192條第1項規定，董事由股東會就有行為能力之人（除公司法第30條規定消極資格者外）選任之。法律上，行為能力之人有自然人與法人兩種，公司法沒有排除法人，在法解釋上，應包括法人，實際上公司法更是承認法人董事制度（公司法第27條第1項）。現行世界各國立法

例中，除極少數國家（法國、義大利等）外，多數國家不採行法人董事制度，因爲董事的職務是建構在個人的能力與信賴上，理應以自然人爲限。又法人董事必須指派法人董事代表或是法人代表董事（自然人），才能執行董事職務，引發諸多理論上的紛爭，殊難克服[3]。

(二)章程資格限制

現行公司法已刪除由股東中選任董事之限制，此舉是要澈底實現現代企業的所有與經營分離之理念。但在公司自治法理範圍下，以章程規定董事從股東選任之限制，是否可行？時有爭議。在閉鎖型公司（股票不公開

---

[3]　我國公司法特在第27條對政府、法人擔任董、監事做出極爲獨特的規定，該條第1項承認政府、法人擔任董、監事之適格性，對此事並無特別怪異，現實也有不少國家有相同的制度。但是，承認此制度的國家，普遍附帶配套規定，政府、法人及代表人同被視爲公司之董事，該法人與代表人對公司負連帶責任（如法國商法L225-20）。規定目的主要在釐清董事責任之歸屬，即釐清是政府、法人之責任抑或是代表人之責任？爲克服此理論解釋之難題而予配套規定，但我國公司法對此重要問題卻規定闕如，形成世界上罕有之立法例。

該條第二項政府、法人股東可推派代表當選董、監事之規定，很可能是世界唯一之立法例，蓋大股東推派代表人選，參與董、監事選舉，因擁有多數表決之優勢，其推派者當選董、監事，比比皆是，何須特別立法承認，顯然多此一舉。

第三項規定：「第一項及第二項之代表人，得依其職務關係，隨時改派補足原任期。」就第一項之代表人無可厚非，蓋該代表人係政府、法人之行爲輔助人，任命權在政府、法人股東，與公司無任何法律關係。但第二項之代表人則儼然不同，當選董、監事者是法人股東代表人（自然人）本身，與選任公司間之委任關係也是該代表人自體，與法人股東無任何法律關係存在。按選任董、監事是公司股東會專屬權，究何種法理根據，政府、法人股東可奪取該專屬權？且如許之，則自然人大股東何以無此權限？嚴重違反股東平等原則。實則若爲鼓勵政府、法人投資，提供其有效掌控轉投資企業，抑或因政府、法人持有相當比例股數，則重新召集股東會改選結果，仍將由政府、法人改派之代表當選，故此舉僅徒增召集股東會之繁複程序與成本，據此等理由憑以認同上開規定（如經濟部57年1月20日商字第2136函釋），即屬牽強，難獲得支持。

再者，適用第2項與第3項之結果，政府、法人股東隱居幕後，操縱代表董事，隨意左右公司之經營，成有功，敗無罪，何等快哉！政府、法人股東樂此不疲。但吾人在此提出警言，政府、法人股東長期如此有悖法理之作爲，本來依據影子董事之法理，追究其責任易如反掌，卻因一直未被追懲，可謂千幸萬幸。但好運已盡，我國公司法已將影子董事責任明文規定，此後政府、法人股東如前般適形逃避責任，已無門可遁。我國公司法第27條存廢爭議，看來將超乎預期早日落幕，蓋政府、法人股東堅持之原動力，將很快耗竭殆盡。

發行）或有考量之餘地，至公開發行之大型公司則不該被允許。

　　除此之外，其他的資格限制，應如何判斷？以「公司職員為限」、「中華民國國籍者為限」、「在台灣居住者為限」等具體董事資格限制為例，應屬於私的自治自由範圍事項，但這些章程規定之董事資格限制，是否違反上述股東限制禁止的法精神，會否為不公平、不合理的限制？可否在不違反法令與法精神下，選任董事時任由公司股東自由判斷，或允許全體股東事先形成共同意思而制訂章程，要求全員遵從；即不論採行前者或後者方式，認純屬公司自治之自由原則。例如以「本國籍者為限」的章程限制，在外國曾被認為違反憲法所規定「法律之下人人平等」之人權平等原則，被提起訴訟，但法院以私事自治範圍內的問題為理由，判決敗訴[4]。

(三)人數

　　公司法採董事會制度，規定董事人數不得少於三人（公司法第192條第1項），因董事會是會議體，構成人數最低必需三人。

　　為回歸企業自治，開放非公開發行股票之公司得不設董事會，而僅置董事一人或二人，惟應於章程中明定（新增訂公司法第192條第2項）。至於公開發行股票之公司，則應依證券交易法第26條之3第1項規定，設置董事不得少於五人。

二、任期

　　公司法第195條第1項規定董事的任期，不得逾越三年，但得連選連任。任期設限是在防止董事因地位長期安定，必然招來怠慢、專橫或濫權等弊端。容許連選連任則使董事選任制度帶有濃厚的信任投票意味，如章

4　日本名古屋地判昭和46年4月30日判決，下級民事判例集22卷304號，第549頁。

程規定董事任期縮短爲一年或二年者，其性質更濃厚。

任期的計算適用民法相關規定（民法第119、120、121條等）。公司成立時第一屆董事的任期是公司成立日起算，公司成立後的董事選任，其任期起算點是公司與董事間任用契約成立日起算；公司法規定，股東向公司提出董事候選人時，應檢附被提名人當選後願任董事之承諾書，該承諾書之性質爲締結附當選條件之任用契約，其任期仍以選任決議日（通常爲董事就任日，實務上以該屆董事會召開第一次會之日）起算。

三、選任・終任

(一)選任

公司成立時第一屆董事的選任，在發起設立公司是由發起人，在募集設立公司由創立會；公司成立後則由股東會選任。

公司董事選舉採候選人提名制度者，應載明於章程，股東應就董事候選人名單中選任之。但公開發行股票之公司，符合證券主管機關依公司規模、股東人數與結構及其他必要情況所定之條件者，應於章程載明採董事候選人提名制度，這是2018年新修正公司法第192條之1第1項的規定。原本只允許公開發行公司可採董事候選人提名制度，這次修改擴張到非公開發行公司，有意願者亦可採行，但必須於章程中載明。

董事候選人提名制度是股東會開會前，由提名權人事先提名董事候選人，造具候選人名單，股東應就候選人名單中圈選董事。

董事候選人提名權原則上是董事會的權限，但是爲保護少數股東權益而賦予少數股東也有提名權，「持有已發行股份總數百分之一以上股份之股東，得以書面向公司提出董事候選人名單，提名人數不得超過董事應

選名額」（公司法第192條之1第3項）即是少數股東提名制之規定。「公司應於股東會召開前之停止股票過戶日前，公告受理董事候選人提名之期間，董事應選名額，其受理處所及其他必要事項，受理期間不得少於十日」（同條第2項），受理少數股東的提名。

公司應於股東常會開會二十五日前（公開發行公司是四十日）或股東臨時會開會十五日前（公開發行公司是二十五日），將董事候選人名單及其學歷、經歷公告。

董事選任之法的關係，是股東會選任決議成立，屬公司任用被選任人為公司董事之內部意思決定，董事長依此內部意思決定對被選任人為任用要約，經被選任人承諾，任用契約成立，董事地位於為發生。但如前所述，實務上採事先締結附條件之任用契約，取得被選任人出任董事之承諾書，則股東會選任決議通過時，任用契約即生效[5]。

其次，為保障少數股東的代表可以參加董事會之可能性，公司法效法美國法，導入類似比例代表投票制的累積投票（cumulative voting）制度。此制是股東會選任董事時，每一股份與應選出董事人數相同之選舉權，股東得將持有之選舉權集中選舉一人，或分配選舉數人，投票結果依較多得票者順次選出應選人數當選為董事（公司法第198條第1項）。是否採用此制，本來任由各公司自由選擇，可在章程規定排除採用，大部分公司都以章程規定排除，實際上很少採用，架空該條文之規定；因此，公司法已將之改為強制規定，違反者選任則無效。

公司選任董事後須登記，變更時也要登記，同一人連選連任時，也同樣要辦理登記。

---

[5] 董事任期的起算點向來看法不一，選任決議時說與就任時說對立，日本新会社法明文規定採用「選任決議時」（日本会社法第332條第1項），以立法解決爭論。

(二)終任

　　董事與公司之間是委任關係，原則上適用民法委任關係之規定（民法第545條），董事因任期屆滿終任外，有委任終止原因也會終任。例如，董事之死亡、破產、受監護宣告，或董事之不適格（公司法第192條第5項準用第30條規定）等事由發生，均為終任原因。公司解散後進入清算程序，清算事務之執行是清算人之職權，董事當然終任。

　　再者，公司可以隨時以股東會決議將董事解任，股東會解任決議應以特別決議為之（公司法第199條第2項）。解任決議是剝奪董事地位，一經決議立即生效，不須告知當事人，但也有認為應告知才生效之見解；實際上因當事人行蹤所在不明之異常事態甚多，要告知常費時費事，殊難應付，故以不告知為妥。定有任期之董事，在任期屆滿前如無正當理由遭解任時，該董事可對公司請求因此所受之損害賠償（公司法第199條第1項）。另董事執行業務有重大損害公司行為或違反法令、章程之重大事項，股東會未為決議將其解任時，少數股東（持有已發行股份總數百分之三以上股份）於股東會後三十日內，得訴請法院裁判解任之。基於委任關係，董事可以隨時辭職（民法第550條），此為時下通說[6]。但在公司不利時期辭職，對公司會有損害賠償責任發生。

　　解任董事之訴之被告為何？向有因對公司要求解任董事，故應以公司為被告；另有主張訴訟結果是欲剝奪董事地位，性質上屬形成之訴，故應以董事為被告之爭；惟按公司與董事間為委任關係，茲欲以訴訟方式消滅彼等間法律關係，自應以公司與董事為共同被告始克當之。日本新公司法（第855條）即採用共同被告見解，並以立法方式解決論爭，為值得採行之立法例。

---

[6]　公司與董事間訂立不能辭職之契約，其效力如何?考慮董事責任繁重，限制不能辭職，不合乎情理，法院判為契約無效，但主張這種契約是債權契約，應為有效之學說，亦有之。

董事終任包括解任、辭職，均是公司登記事項，但公司解散結果使董事終任時，僅辦理解散登記已足，無須再爲終任登記，此乃公司法第322條第1項已就清算人別爲規定之故。

(三)董事缺額的處置

董事終任時，理論上由公司迅速選任新董事爲一般的措施。但是，董事終任產生缺額如不致造成實有董事人數低於法定或章程所定額數情況下，公司未必需立即選任補充。反之，當董事缺額造成低於定額數時，應即時召開股東臨時會選任後任董事，繼續執行業務，但在新任董事選出前，恐有導致公司業務無法執行之嚴重問題發生，故退位董事必須繼續負起業務執行之職責，直到新任董事就任爲止，亦即課以原董事留任義務，此爲通說的見解。但此舉非謂退位董事任期之延長，而是職責延續而已。上情於董事任期屆滿以及辭職時方可行，除此之外之退任事由不能適用，這是當公司與董事之間信賴關係既已破裂，兩者關係片刻不容存續。

董事會不爲或不能行使職權，致公司有受損害之虞時，利害關係人或檢察官可聲請法院選任臨時管理人，代行董事會之職務（公司法第208條之1）。此規定之適用不以董事人數不足定額爲限。聲請法院選任臨時管理人，同時應以假處分停止董事會的職務執行，以防權責的衝突。又臨時管理人應定位爲董事職務代行人而非臨時董事，因屬董事職務之暫爲代行，其職務侷限於公司的通常業務，無特別職務（如發行新股、公司併購等）之行使權限。惟如果是臨時董事的話，本質就是董事，其權限與正常董事無異。爲使該法條能正確適用，對法條之解釋，確有釐清之必要[7]。

---

[7] 有認爲臨時管理人係代行董事長及董事會職權者，參照王文宇，公司法論，元照出版社，95年3版，第336-337頁；亦有認爲此時臨時管理人之法律地位等同於公司負責人或等同於董事，參照劉連煜，現代公司法，100年，第494-495頁；劉連煜，少數股東股東會召集權與臨時管理人，台灣本土法學雜誌，94年第57期，第132-133頁。

第二章

董事會制度

第一節　董事會的意義

　　董事會是由全體董事所組成，以執行公司業務爲任務的合議制法定必要機關。需要注意，提起董事會時，如同股東會有兩種意義，一指公司機關的董事會，另一則是開會活動形態會議體的董事會，概念上兩者要區別分明。

一、董事會是由董事所構成合議制機關

　　董事法定人數必須三人以上，全體董事從選任到退任一直是董事會的當然構成員，換言之，董事會是以複數的董事構成的合議制機關。1991年公司法修改之前，各個董事都是單獨公司機關，各個董事機關在同一公司中同格並存。1991年公司法修改，董事會合議制機關法定化，法定機關只有董事會一個，各個董事變爲董事會的構成員。監察人有得列席董事會的權限，必要時也可以陳述意見（公司法第218條之2第2項），這是爲使監察人可以容易收取攸關公司業務資訊，以及對董事會違法、不當決議之事先阻止，亦即爲強化監察權行使所設計的制度，將監察人納入董事會之無決議權構成員。

二、通常性公司業務執行權持（專）有機關

　　所謂業務執行是公司爲遂行事業目的所爲的事務處理，公司爲遂行事業目的而產生的一切事務處理，謂之業務執行。其中有法律行爲、準法律行爲，以及事實行爲。營業上的交易、員工的僱用等爲法律行爲；催告履行、債權讓渡的通知等是準法律行爲；而帳冊的作成、紀錄、調查，商品的製造、加工、保管或搬運等，是屬於事實行爲。

　　董事以公司機關爲公司所爲之業務執行，是公司自己所爲之業務執行，當然結果直接歸屬公司，損益由公司承擔。員工執行公司業務時，員工非公司機關，與機關董事的執行，法律關係完全不一樣；員工聽任董事的指揮命令，單純機械式提供勞務，不存在獨立性，是董事機關之手足，因此員工的行爲活動是董事機關的行爲活動。相反的，員工依據與公司間之僱用或委任契約之債務履行，自己判斷而爲之行爲，該行爲結果經公司或公司機關承認或受領時，結果損益歸屬公司。

　　董事會對於公司事務處理，以開會決定並自行實行爲原則，但基於董事會機關是會議體性質，難以自爲實行，一般均在董事會之權限與責任下，委任董事長、業務擔當董事（或執行業務董事）、經理人或職員實行。業務執行權專屬於董事會，而業務執行之委任，僅是單純業務執行輔助使用關係，並非授予輔助者機關權限，使其成爲公司機關。被委任者不論是董事長、董事、經理人或一般職員一律都是輔助者（使用）地位而已，全員遵從董事會委任指揮命令行動，即使高居董事長職位者亦不例外。

　　我國企業界現況設置「總經理」職位是一般商業習慣，「總經理由董事會選任，在董事長指揮下，擔當業務執行之實行」，這是經常見到對總經理的定義。這很容易衍生二個嚴重的誤解：其一，以爲總經理爲業務執行實行機關，被授有業務執行權限，實則其僅止於業務執行機關之實行行爲輔助者。其二，則是業務執行之實行權是專屬於董事長，故而應遵從董事長之指揮命令，其實董事長同樣根據董事會授權實行而已，權限之根源均在董事會，業務執行之決定權與實行權都包括在內。

　　「通常性」公司業務執行的意義，是如上所述，有些業務執行事項特別規定屬股東會權限，而業務執行以外之公司組織行爲，反劃歸董事會權限也有之。簡言之，董事會是大部分的業務執行以及業務執行以外的部分

公司組織行爲之擔當機關，故稱爲通常性公司業務執行機關[1]。

三、爲法定必要機關

公司如以章程廢除董事會或剝取董事會權限是不可能的，因該章程違反公司法而無效。只要公司存在，董事會就存在，縱董事缺額低於三人致無法成會時，僅會議活動型態的董事會無法形成，公司機關的董事會並不因而消失。董事會爲必要機關只限於公司解散之前，因公司解散進入清算程序，公司雖還存在，但董事會機關已被清算人機關取而代之，此點與同是公司必要機關的股東會略有差異。

2018年新增公司法第192條第2項，公司得以章程規定不設置董事會，置董事一人或二人，置董事一人者，以其爲董事長，董事會之職權並由該董事行使，不適用本法有關董事會之規定，置董事二人者，準用本法有關董事會之規定。小規模非公開發行公司爲尊重其自治，容許公司機關設置簡單化，可以不設置三人以上董事所組成的董事會，採行一人董事或二人董事。

設置一人董事明確排除董事會機關制，恢復董事是機關的舊有制度，董事一人獨攬公司業務執行權以及公司代表權，業務執行不必，其實也不可能開會決定，完全可以一人獨斷獨行。唯一能爲公司代表人僅該董事而已，所以當然是公司代表人，但是我公司法明定董事長是公司唯一代表人，因此該董事行使代表權時，必須稱謂爲董事長。

設置二人董事時，則依然維持董事會制度，準用董事會規定行事，董

---

[1] 時下世界各地的資本市場，都在獎勵對董事會機制的有效性運行評價。中立性第三者組成或專業性機構設定評價基準，如董事會會開會議論內容、意思決定質量、董事人選、企業戰略立案、風險管理策略、股東的對話等等項目，進行查核、檢證，作成評價報告，反映給董事會作爲改革參考，也提供給投資人作爲投資判斷資料。

事會機關存在二人董事是董事會構成員不是機關，所以業務執行仍然必須召集董事會決定，只是董事會之多數決原則無法維持，將以全體同意取代之，但少許不正常現象會發生，如二位董事各執己見，將面臨無法達成全體同意之困局。

　　另外也必須二人董事中推選一人擔任董事長資以對外代表公司並執行董事長職權。

第二節　董事會權限

　　公司法列舉為董事會決議事項有：經理人選任（公司法第29條第1項）、經理人競業同意權（公司法第32條但書）公司債發行（公司法第246條）、新股發行（公司法第266條第2項）、簡易合併（公司法第316條之2）等法定權限，關於公司之業務執行權，除公司法（如第185條、第192條、第196條）或章程規定應由股東會決議之事項外，原則上屬董事會機關權限，故由董事會決議行之。董事會之業務執行權可否以章程約定移轉其上屬機關股東會行之，素有爭議。本文以如將董事會權限全部委讓（按：委讓與委任尚有不同），形同架空董事會，導致董事會成虛設機關自非可許，如將部分權限委讓則可商議，但委讓不能包括董事會專屬權限事項（如重要業務執行之決定等）。又上開權限僅得委讓股東會，不可委讓其他公司機關，例如委讓給董事長、業務執行董事或總經理等。因其等皆是董事會的下屬組織，輔助業務執行之實行行為，董事會本負有指揮以及監督之權限與責任，倘若將權限委讓彼等，則董事會之監督職責形同免除，開啟董事會逃避責任之門，自非允當。

董事會業務監督權與董事監督義務之根據與關係

　　董事會基於業務執行固有權限，對於公司業務執行之實行者握有監督權是合理的解釋。承上，合議制機關董事會為具體之業務實行行為既無可能，而董事會業務執行權下位概念又區分為決定權與實行權兩者，業務執行之決定由董事會開會自行決議，毫無問題；但實行權只能委任或命令他人來實行。公司將業務執行權全權委任董事會，董事會將自己不適合之實行權委任第三人實行，受任人在實行業務時造成公司受有損害，首先應由董事會負全責（民法第537、538條複委任）（日民法第105條第1項）。

　　董事會將自己的職務委任他人，受任人執行受託任務時，董事會對受託人的行為要負起善良管理人注意義務，具體內容就是盡監督義務。不管是董事長或者業務執行擔當董事，其從事業務執行之實行行為是基於董事會的權限與責任下授權委任，此等實行行為當然應受董事會之監督，而董事會的監督義務又係經由其構成員各董事，進行監視職責，此也是董事之監視義務。董事長、業務執行擔當董事如將業務執行再委任輔助者（經理、公司幹部員工）實行時，同理董事對輔助者的行為仍負監視義務。

第三節　董事與董事會之關係

　　股份有限公司之業務執行應由董事會決議行之（公司法第202條），實際上董事會決議是經由董事於會議上行使表決權為之。因此對公司業務的執行，董事會與董事各扮演何種角色，權限如何劃分，面對股份有限公司之業務執行之法構造與本質時，即有正確理解之必要。

　　我國公司法採董事會制度始於民國90年的公司法修法時，之前股份有限公司是以董事為獨任制業務執行機關，該次修法導入美國法的董事會

（Board of Directors）制度，自此董事會成爲股份有限公司業務執行機關，董事僅爲機關構成員，不再是機關。但該次修法，置公司業務之實行權歸屬何機關，實行機關與董事間關係爲何隻字未提，只好委由理論解決。

公司業務執行行爲，不論是法律行爲，抑或事實行爲，均源於人的意思決定與實行二階段。以人爲行爲主體，於自然人，因其意思決定與實行均由其個人親自爲之，固無問題（意思表示不一致等係另一問題）；然於法人，則屬機關於權限內之行爲經法評價爲法人本身行爲，自與機關權限息息相關。從而公司業務執行之決定權與實行權分屬不同機關，於理論上並非不可能。然公司法僅對業務執行決定權限明文規定，導致業務執行之實行權歸屬何機關，產生理論解釋不同之爭。

就此，多數學說認爲公司法創設董事會制度，同時也新設了董事長代表機關制度，乃是將業務執行之實行權限劃給董事長[2]；另部分學者則謂，公司章程可自主規定業務執行之實行機關，故董事長權限不當然包括業務行爲實行權。然上開不同學說對董事會是由複數成員構成之會議體，適合爲決議形式之意思決定，反之對實行特定行爲無法適用，似無異見。

的確，由會議體機關實行具體業務執行行爲極不適合，但要特別留意的是此涉及機關「權限」，也就是說，業務執行之實行權限在法律上應歸屬何機關之固有權之辨別問題，此與上開理論所爭論的實行行爲由何機關行使較爲適宜，屬不同層次的問題。蓋固有權限機關固無限制非自我行使權限不可，將權限行使委外者甚爲平常。

受固有權限機關委任者，於其受委任權限範圍內所爲之行爲效果歸屬於公司，以此點來說與固有權限機關自爲行爲，其結果並無二致，但絕對不得執此即謂受任人是公司機關，受任人行爲效果歸屬公司，完全源於委

---

[2] 王文宇，公司法論，元照出版社，95年3版，第346頁。

任機關之權限。簡言之，有權限機關之行為構成公司本身之行為，被機關委任之受任人，其行為與代理人之行為相當，這種相當於代理人之受任人選任，僅限於對公司擁有固有權限之機關方可為之。

在權限範圍內之機關本身行為，與受機關委任之受任人行為，其效果均歸屬於公司，故對上開行為之相對人而言並無差異，均由公司負責。但是就公司內部的責任則完全變質。蓋行為人是公司機關時，是機關行使其固有權限，行為人對公司所負的是固有權限機關之固有責任；相對的，行為若由機關委任之受任人所為，則機關對公司應負的責任是做出委任的責任。由此看來，機關權限之所屬並不以其權限行使適宜與否而定，而是以責任歸屬於該機關適宜否來決定，方屬正確。因此論者以董事會之業務執行僅適宜決定而不適宜實行，據為董事會僅有業務執行之決定權而無業務執行之實行權之立論，即非正論。約言之，責任歸屬者即能擁有權限，董事會對公司經營應負責任，則其擁有業務執行之決定權以及實行權完全合乎理論。

況董事會如只有業務執行之決定權，因各董事僅負責在會議體內參與開會決議，對董事會所決定的業務執行的實行，因已歸屬其他機關（如董事長之代表機關）專屬，即無權參與也無須負責。反之，董事會擁有業務執行之決定權以及實行權之機關，則董事對業務執行之決定與實行均為職責。雖業務執行之實行權歸屬董事會時，實際上均委由董事長、業務擔當董事等實行是常態，但此情因董事經由董事會參與委任，故對受任人之實行行為要負責任，即權責相符。

另有疑義者，公司法導入美國法董事會制度，是否同時並行董事會「自我監督」制度，亦即董事會有無業務監督權限之問題。我國因採成文法制，公司法就此無規定，解釋上必有正反說之對立。然如前所述，決定與實行是業務執行的內涵，全部歸屬董事會專有、固有，董事會將固有權限委任他者行使，對公司必須負起對受任人之監督責任，乃屬當然，因此

董事會有自我監督權限是當然之理，縱無明文規定，也應被肯認。

　　相反的，主張董事會僅有業務執行決定權限而無實行權限，則在法無明文下，董事會能否監督業務執行之實行就成問題。按自治自律之自我監督是健全董事會制度之必要配套，於引進董事會制度之我國，如執意拒絕確立自我監督之機能，實不可思議，也令人難以置信。據上，縱未明文規定，法理上採肯認亦不足為奇，因此方足以發揮董事會制度的完全功能。

　　論者或主張，業務監督權限在我國公司法制上，屬監察人之固有權限，在此又承認董事會之業務監督權豈非形成對立與矛盾，徒增適用上之複雜，且造成機關職權重疊與人力浪費。惟董事會之業務監察本質上屬其內部之自我監督，與並立機關之監察人是外部（指他機關而非公司所屬以外之人）監察、監督不同，不生矛盾[3]。尤以董事職務懈怠時，對公司負損害賠償責任，如因惡意、重大過失造成第三人損害時，對第三人亦負損害賠償責任，公司法第23條第1、2項明定。假如董事會構成員之董事對被委任業務執行實行者（如董事長、業務擔任董事）負有監督監視之職責，則董事對於實行者疏於監督監視時即發生上述責任。此種多重監督，更能達到澈底周密的監察，且是就既有機關各為不同功能監督，不致造成成本增加，應屬好事無排除之理。

　　最富爭議的問題是董事對「代表」機關董事長之業務執行（實行行為）是否亦具監督權，此權限有無，學說向來即呈對立無解。此問題請參閱後述「董事會與董事長之關係」。在此先引用稍早日本最高法院的判決意旨供參：「股份有限公司之董事會對公司業務執行居於監察地位，董事會構成董事不是侷限於對提上董事會之公司事項才監視，對代表董事（董事長）之一般業務執行也應監視，必要時自行召集董事會或者請求召開董

3　在公司內部監控機制中，股東會、董事會及監察人均具有一定監督功能，參照王志誠，公司法第六講──監察人之地位及權責，月旦法學教室，94年第31期，第82頁。

事會，透過董事會要求其為適正業務執行[4]。」我國公司法也應是同理。這是因公司機關擁有之固有權限，非必自己行使，依「自己權限自己責任」的原則下，將權限之實行委外既可能也可行，這個道理不僅適用於業務執行之實行權，對業務執行之決定權也同樣適用。

再者，就公司之日常業務執行（常務）部分，不光將實行委任，連決定也一併委任代表機關董事長處理，是公司的通常作法。更正確的說法，常務的決定權非代表機關董事長的固有權限，是由董事會之委任授權。對經常、繼續性的公司常務召開董事會、開會進而決議，如此不辭其煩依嚴格正式程序而為之明示委任授權雖最好不過，但是公司日常事務鉅細緩急層出無窮，會議體之董事會確實無法逐一應對，因此採概括性的授權，以默示性的委任為常用方法。前開常務的決定權如解為代表機關董事長的固有權，而排除董事會的決定權，迅即引發公司法第202條規定如何解釋的難題。

另一亟待解決的問題，是董事會可將何種範圍（事務）之業務執行決定權委他行使，也就是說，業務執行之決定權是董事會的固有權，將之委他行使時，對受任人之決定應負監督職責，且此職責之懈怠是採過失責任原則。但某些事項之性質如委任他人簡單決定，顯有悖於董事會召集多數人開會謹慎決定之法精神，因此，容許委外決定之事項，以及受任人之資格限制，均須深加檢討。

公司法上對董事會專斷事項，例如股東會召集（公司法第171條）、董事長之選任（公司法第208條第1、2項）、新股發行（公司法第266條第2項）等規定，並非單純規定董事會的權限，尚寓有屬董事會專斷事項，不得委任他人決定之旨趣，本此原則，該等或相類事項，即不可採上開委任他人行使方式處理至明。

---

[4]　日本最高法院昭和48年5月22日判決，民事判例集27卷5號，第655頁以下。

第四節　董事會與董事長的關係
──業務執行權限與代表權限的關係

一、業務執行權限與代表權限

　　業務執行權限是董事會的專屬權，於業務執行而為「法律行為」，其法律效力直接對公司發生，如此是否意指僅代表權者能為之？在制度設計上，業務執行機關同時也是代表機關，也就是由同一機關兼具業務執行權與代表權，是自然而且實際的，一般通例（如一般社團、財團法人以及其他種類的公司）均是如此設計。對此，股份有限公司設計董事會專掌業務執行權，而董事會是由複數的董事構成合議體機關，代表權限劃歸董事會，然現實面董事會無法親自作為。例如執行業務而須對外訂立契約等法律行為，通常是由董事會依據其代表權限授權他人代理行使（足見董事會雖擁有代表權限，但絕非必定親自行使）。基此，如為簡化每次都要事先透過代理權授與之繁瑣，而將兩種權限分化歸屬兩個不同機關，這種制度設計也稱為經管權限分化、經管機關分立。

　　公司之經營是經由各機關作為而形成，其中公司之法律行為是由擁有代表權之代表機關為之。換言之，代表機關為公司為意思表示或接受意思表示，即成為公司之意思表示或對公司為意思表示，公司即是該法律行為之當事人，此一般對公司法律行為之理解。

　　公司之行為除此法律行為之外，正如自然人般還有準法律行為以及事實行為。其中公司為意思通知、觀念通知等準法律行為於性質無疑的類推適用法律行為，也由代表機關為之。至其事實行為則完全與代表權限無任何關係。

　　承上所述，公司機關之代表權與業務執行權是完全不同性質之權

限，並分屬兩個不同機關。代表機關除了代表權之外是否兼有獨自之業務執行權，對此點法無明文規定，解釋上應認無此權限為正當。因代表權與業務執行權完全迥異，無法說有代表權就有業務執行權。但公司業務執行中攸關法律行為之部分，勢必經由代表機關代表權之行使始能實現，也是事實。因此有多數學者即主張「業務執行與代表之區別，是一種觀點不同之分而已」，更進一步說「對外的業務執行是與公司代表併存、併行，從另一面來看公司代表就是對外的業務執行」。若依此意，業務執行與代表權充其量觀點不同而已，公司法只須對代表機關代表權規定即可。代表機關之對外業務執行權當然不在話下，內部的業務執行也擁有是當然之理，不必再贅文規定。再且，不那麼解釋，董事會是業務執行之決定機關，股份有限公司之業務執行機關將會出缺。

的確，公司因業務執行之實行而與第三人訂立契約時，該行為必須依賴代表機關之行使，也就是說對外的業務執行之實行，代表機關之代表行為之介入是常態無可置疑。但如前分析（參閱董事會與董事之節），業務執行是由決定與實行兩個要素組成，業務執行權是董事會之固有權，則其內涵之決定權與實行權不可分離均應歸屬董事會。因此代表機關為業務執行之實行而行使代表權時，此業務執行之實行權是受任於業務執行權固有機關董事會之委任，故代表機關於業務執行實行時，不得違反董事會之指示與命令。就此觀點，代表機關董事長與公司員工之關係並無兩樣，僅是行為輔助者之地位而已，即於權限持有機關就權限範圍內受委任為之實行，不會因此就成為機關，法律上還是行為輔助者之地位。

業務執行中之法律行為必須代表權介入，至事實行為如何實現是個必須檢討之問題。即某人為公司為事實行為，須俱備何種要件下其效力方能歸屬於公司。因為是屬業務執行之事實行為（如記帳、製造、守衛等之行為），公司之業務執行機關在其權限內，透過機關構成員為公司所為之事實行為，直接對公司發生效力。但此時與法律行為不同，不存在意思表示問題，故二者之法理機制完全不同。事實行為直接是公司行為，不存在代

表權或代理權問題，也就當然不生無權代理、代表及追認等問題。權限外所爲之事實行爲就不是公司行爲，不能透過任何方式將其歸屬公司。由此可知，事實行爲之歸屬於公司，是業務執行機關於「權限內」爲公司爲之即足，且業務執行機關亦可利用輔助人制度，由輔助人爲事實行爲，該行爲也直接歸屬於公司。

二、董事會與董事長的關係

　　董事長由董事互選產生，董事長是公司代表機關，對外代表公司行使代表權限，對內擔負業務執行，嚴格說是業務執行的實行（執行）行爲。但董事會是業務執行專屬機關，因此在公司業務執行權行使上，董事會與董事長兩者確會發生關係，對此學說向來有兩種看法[5]：

(一)並立機關說

　　業務執行權內容是由業務執行決定權及業務執行的實行權兩者構成，前者是董事會的權限，後者是代表機關董事長的權限，因此是決定機關的董事會與實行機關的董事長兩者分工合作，各別獨立存在之機關，故稱之並立機關。

　　如採此說，因業務執行之實行權是代表機關董事長的固有專屬權限，董事長基於自己責任獨立行使實行權，即無須受限於其他機關。但實際並非如此，董事長業務執行之實行必須遵從董事會的「決定」，始可行之，因此在公司的業務執行上，董事長是董事會的從屬機關，斷非並立機關。

　　再從另一角度觀察，董事長代表機關的業務執行之實行行爲，必須

5　並立機關說與派生機關說之介紹，參照王志誠，董事會功能性分工之法制課題，台灣法學新課題(三)，元照出版社，94年，第276-280頁。

在董事會監督權限下行使。如說固有權限之行使，尚受其他並立機關的監督，實難理解。董事會的權限如僅限於決定權，那對決定權的決定盡到善良管理人之注意義務已足，何以還要或還能對並立機關的實行權限發號施令。由上所述，並立機關說的理由，殊難服人。

雖然決定與實行的概念得以區別，但不基於決定的實行，實行無憑藉；無須實行之決定，決定是虛無；決定是體，實行是形，兩者合體成形，謂之業務執行。據此，公司法規定董事會之職權：「公司業務之執行……均應由董事會決議行之。」（公司法第202條），即從決定面規定董事會業務執行權限，因沒有決定，就沒有實行，決定權之所在，就是實行權限之所在。

再者，權限者無不必親自行使權限業如前述，董事會亦然，實際上董事會很少親自為之，通常作法是利用輔助者—於自己負責情況下，委任輔助者處理事務—實際行使。此因董事會是會議體，不適於實行行為，無奈下所採變通辦法，即董事長行使實行權限時，是以董事會的輔助者為之，上述法理依然適用。

(二)派生機關說

業務執行權限中，除法令規章或董事會的決議事項特別保留給董事會者外，業務執行權限當然歸屬董事長，不必經由董事會的委任授權，蓋代表機關董事長「對內」負有業務執行之實行義務，此執行權限源自董事長地位，但該實行權本質上係董事會決定權限，因此業務執行關係上，董事長是董事會的衍生機關，此為本說之主張。

本說依然犯了將實際之處理方式與事務處理之權限相互混淆之毛病，進而指明保留事項以外者，董事長當然擁有業務執行權，然所謂「當然擁有」應屬法定權限方能說明。但是，業務執行法定機關是董事會已規

定在先，後又產生董事長是業務執行法定機關，兩者先後矛盾，殊難解說，此說也非可探。

實則業務執行權限非董事會莫屬，業務執行的決定與實行在觀念上雖可資區別，但將決定權限與實行權限分離，繼而將實行權限歸屬別機關，則不容許。業務執行決定權與實行權一體組成，業務執行權完整歸屬董事會，董事會依此權限，決定業務執行並實行業務執行。不適於實行行為之會議體機關董事會，通常將其實行權委任他人實行，並不意味董事會因此失去實行權，更無法解說被委任人的實行權限是固有權限。習慣上，攸關法律行為之業務執行委任給對外有代表權之董事長居多，也較方便，但這不過是董事會業務執行之一種態樣而已，不因此產生法律關係的質變，公司業務執行之實行權並無劃分給董事長，而是委任實行之法律關係而已。

綜上，業務執行權限分屬於董事會，代表權分屬於董事長，兩者是各自獨立之機關，但在業務執行關係上，董事會與董事長非並立機關，也非派生機關，董事長位居於董事會之下屬機關，是輔助人地位而已。

董事會是由董事集合構成的合議制之機關。董事是依據股東會選任決議與公司締結委任契約之人。終究來說，股東是公司社團法人的構成員；反之，董事對公司屬於委任契約之相對人，依據委任契約，各個董事在遂行職務時，對公司及股東必須負起善良管理人之注意義務以及忠實義務（公司法第23條第1項採異質說；另有採同質說，認忠實義務不單是受任人之注意義務，尚包含更高被信任義務）。

善良管理人之注意義務或者忠實義務都非具體明示何任務該否實行，而是對每個任務遂行到何種程度的注意義務時，即可免責之判斷基準為提示。董事該做的事，依其「職務」而定，代表機關之董事長以代表公司對外為法律行為，為其「職務」，遂行其職務時，同然要盡善良管理人之注意義務，並對公司利益盡忠實義務。

　　董事均為合議制董事會構成員，參與董事會為公司業務執行之決定，此時各個董事均應盡到善良管理人注意義務以及忠實義務，否則就有責任可能發生。再者，董事會具有業務執行之實行權的話，對業務執行之實行之各董事也同樣負有善良管理人注意義務以及忠實義務，否則董事即未盡受任人義務而須負責。反之，董事會要是未具業務執行之實行權，對於其實行董事就不負任何責任。

　　業務執行之決定權是董事會之固有權限應無疑義，但業務執行之實行權之歸屬如何，就相當有爭論，是股份有限公司機關權限分配上重點之一，影響公司運作以及責任負擔至鉅，有鑒於此，上述（董事與董事會之章節）雖已有某程度論述，於此再更進一步分析解明業務執行之決定與執行的實際情況。

　　大多數的學說主張，原屬於各個董事之業務執行之實行權，因公司法修法導入代表機關董事長制而移轉到這個新設機關，也就是說，決定與實行兩個要素構成之業務執行權限，決定是董事會，實行是代表機關董事長，分屬兩個不同機關。

　　但決定與實行是一個業務執行的要素，兩者都個別無法成為固有機關權限，縱使以各別獨立權限視之，則其行使時，僅決定而不實行，或僅有實行而無決定（無決定的實行是什麼？），均是荒唐無稽之談。

　　按公司業務執行，亦屬人之行為一種，將行為構成要素之決定與實行二者解析，再將機關權限分屬不同對象，豈不奇怪。再者，以人是意思主體之立場來看，決定權限歸屬者必定是實行權限之歸屬者才合完全意思原理原則。此觀民法第27條：「法人應設董事，董事有數人者，法人事務之執行，除章程另有規定外，『取決於全體董事過半數之同意』。」即對於事務或業務執行也均以「決定」規定，難道能說該規定僅是決定權規定，所以與決定機關無關之他機關得為事務或業務執行之實行？如否，為何僅

對股份有限公司之業務執行會有這種說法呢？這是因合議制會議體之董事會性質上適合於做「決定」，不適合於「實行」之想法所致。但合議制機關縱不適合爲業務執行之實行，然誠如上述，機關職權非必全部親身實行，只要委任適當之人實行即可。公司機關依據固有權限委任之受任人，雖其能實行委任人職權，但非因此而質變爲機關，且只有擁有實行權限之固有權之機關才有資格委任。

第五節　董事會的業務執行

一、業務執行權限行使利用輔助者的方法

　　我國公司法規定董事會是法定業務執行機關，執行公司業務，其業務執行是法律行爲之類，通常委任董事長實行。又一般業務或非重要業務，於董事會的責任下，將業務執行決定權以及實行權一併委任董事長去決定與實行，是時下的慣例。尤其規模較大之企業，對董事長機制的期待更不設限，從各個業務執行提升到對公司經營大局判斷、經營方針的迅速決定，以及業務執行的監視、監督等機能。

　　被董事會委任的董事長在業務執行過程上，更加廣泛利用輔助者來推行多種多樣的業務，而此非善用指揮命令系統來達成統一的經營目的無以爲之，爲此各公司均任意性的、自治性的將眾多的輔助者予以組織化、制度化，經理、部長、科長以及一般職員等之分工制度即是。此指揮命令系統的頂點就是總經理，上承董事會及董事長之授權委任，下對輔助組織發號施令，使其完成多種多樣，大大小小的公司業務執行。

二、執行董事、常務董事會的利用方法

　　公司可依章程或股東會決議或董事會決議，任意設置業務執行董事或常務董事會的組織。上市公司擁有十數名或數十名董事不算稀奇，但人多意見多，要形成統一意見曠日費時，延誤商機，為爭取經營判斷的迅速性，任意設置之組織，在董事會休會期間，受託執行董事會的職權或擔當業務執行之實行，即是執行董事。常務董事會是受董事會委任執行非重要業務之組織，抑或是董事會以及董事長的諮詢顧問組織，還是兩者兼具之組織，均為可行，因為是任意組織，由公司依實際需要設計設置即可。但這些組織並非機關，設有此組織之公司，業務執行權限仍然專屬於董事會，僅董事會業務執行權限的行使方法受到影響，即採行另一種權限行使形態而已。

第六節　董事會的召集與決議

一、董事會的召集

　　董事會是合議制機關，而且非常時活動狀態，與股東會同樣，依召集開始活動。鑑於此，公司法對董事會召集權人以及召集通知有所規定。但與股東會相比，大有不同，董事會是董事與監察人等有限人數出席，頻繁召開必要性極高的會議，無須也不能作太細瑣的規定。

(一)召集權人

　　董事會由董事長召集之（公司法第203條第1項）。據此，通說即謂董事會召集權限專屬於董事長，則如董事長濫權堅拒召開時，殊難獲得有效對策。董事會是由董事構成，原則上會議由會議體各個構成員召集，董事會召集權限也應屬於各個董事，因此，各位董事可以請求召開董事會。而

董事會由董事長召集之規定是謂召集「手續」董事長應辦之，當董事請求召開時，董事長依請求應迅即執行召集手續。如董事長違反不爲時，在一定條件下，請求召開之董事可自行召集，如此方能確保董事會召集之正常化，綜觀各國立法例，均明文作此規定或依此解釋。

　　監察人有出席董事會之權限，但有否請求召開董事會之權限，公司法無明文規定，基於監察人監督公司業務之執行，以及對於董事會、董事之違反法令、章程與股東會決意行爲之制止權能有效行使，應賦予請求召開董事會聽取報告說明之權限。參諸外國立法例，有此規定者居多[6]。

　　上述立論或許受採納，加上以下所述的實務考量，「爲解決董事長不召開董事會，而影響公司之正常經營」，2018年公司法所修改增訂第203條之1，除原本由董事長召集方法之外，「過半數之董事得以書面記明提議事項及理由，請求董事長召集董事會，請求提出後十五日內，董事長不爲召開時，過半數之董事得自行召集」之規定，開創了董事會召集第二管道以資救濟，呈一大進步的立法，值得欣慰。

　　但是，只以「考量避免放寬董事會召集權人後之濫行召集或減少董事會議發生雙胞或多胞之情況」之理由，本次立法明定「過半數之董事」始得召集董事會，此嚴格要件是美中不足之舉。蓋董事會是少數人所構成之會議體，該會議體應可以隨時、連續以及反覆的召開，始能對經營環境中瞬息發生且變化多端的事項，作機動性的靈活反應，所以董事會不戒忌重複召開，經營決策可以隨時翻新，所謂濫行召開或發生雙胞或多胞會議之憂慮並不存在。有實例可證：日本法授予各個董事均有召集權，施行已久，至今未聞有不妥適之事務發生。再者，規定十五日之請求期間也太長，不符合董事會靈活性、機動性的要求。還有董事會構成員之一的監察人（無表決權，但有出席權及意見陳述權）不授予董事會召集請求權，也是缺失之一。

6　日本会社法第367條及第383條第2項、第3項規定參照。

此與外國立法例相比，例如日本法規定，各個董事都是董事會召集權人，但章程或董事會決議時，例外可以指定特定董事為召集權人，此時其餘董事以及監察人具有召集請求權，請求期間是五日（日本会社法第366條），仍然差距甚大，落伍甚遠。

(二)召集手續

董事會之召集，應載明事由，於三日前通知各董事及監察人。但有緊急情事時，得隨時召集之（公司法第204條第1項）。合於「於開會三日前」以及「載明事由」兩個要件，召集通知方為有效。三日期間可否以章程規定縮短，應有議論之餘地。又此通知僅以書面為限，蓋顯然非書面無法滿足「載明」要求。現今科技之進步，電子通知也合於載明事由之要件，故經相對人同意者，得以電子方式通知（公司法第204條第4項）。召集通知係以發信主義為足，或要求到達方可，因無明文規定，應從一般原則，以到達主義為準（民法第95條第1項）[7]。會引起爭議應是「但有緊急情事時，得隨時召集之」但書規定，「有緊急情事時」指緊急情事發生，非立即開會解決不可。但非立即而是翌日或二、三日後開會，是否也包含之？凡等不及三日期間，是否都可以解釋為緊急狀況？再者，「緊急情事」如何判定，採主觀認定，還是客觀認定？又緊急召開時，載明事由之書面通知手續可否省略？疑點繁多。按召集通知之規定，旨在確保會議體出席成員出席權益，全體成員認定無礙其權益之行使，召集手續似可考量省略[8]。因此，立法例認同董事、監察人全員同意下，不經召集手續之

7　但經濟部採取發信主義，參照經濟部99.4.9經商字第09902036620號函：公司法第204條規定：「董事會之召集，應載明事由，於七日前通知各董事及監察人……」，所謂「七日前」，應適用民法第119條、第120條第2項不算入始日之規定，自通知之翌日起算至開會前一日，算足公司法所定期間。例如公司訂於3月18日召開董事會，依公司法第204條規定應於七日前通知各董事及監察人，則至遲應於3月10日即應通知，而該通知係採發信主義（註：2018年修法，公司法第204條第1項，已將七日修正為三日。）

8　但經濟部認為縱有緊急情事，仍須符合通知程序，即不承認「臨時董事會」，參照經濟部99.4.9經商字第09902036970號函：按公司法尚無「臨時董事會」規定，合先敘明。公司法第204條規定：「董事會之召集，應載明事由，於七日前通知各董事及監察人。但

董事會為有效（日本会社法第386條第2項）。雖無明文規定而採相同解釋者，比比皆是。我國公司法允宜及早仿效立法或予以解釋，俾糾正現行公司法過分嚴格規定，以彈性化董事會，應付千變萬化的經營環境之需求。

二、議事與決議

(一)議事

　　董事會的目的是集合經營專家匯聚一堂，精研深論，集思廣益，對公司做出最佳的經營判斷。據此董事在會議過程，應進行質詢，要求資料提供，深入研究分析資訊，對議案充分了解與掌握，同事間進而交換意見，澈底討論，會議上達成相當程度共識，最後進行表決，如此的決議才是健全有益。要達到這個目標，有秩序與有效率的議事進行不可或缺，這個重

有緊急情事時，得隨時召集之。」又有關董事會緊急情事之召集，請參考本部95年10月12日經商字第09502145290號函釋辦理（如附件影本）。至於公開發行公司是否得以召開臨時董事會方式編造會計表冊，事屬證券交易法之相關規定，如有疑義，請洽行政院金融監督管理委員。

筆者按：惟須注意95年10月12日經商字第09502145290號函釋已不再援用，參照經濟部100.8.9經商字第1002422930號函：一、本部98年7月17日經商字第09802090850號函略以：「…基於應載明事由之規定，倘公司章程規定之董事會召集通知，係以電子郵件（E-mail）或傳真為之者，尚無不可。」公司法第204條修正條文業經總統於100年6月29日公布，並自100年7月1日起生效。該條文針對董事會召集通知之方式，新增第2項規定：「前項召集之通知，經相對人同意者，得以電子方式為之。」二、按傳真分為兩種，一為一般之紙本傳真；另一為電腦傳真系統之傳真（文件之製作與傳輸可直接於電腦設備上完成傳真程序）。倘屬一般之紙本傳真方式，不屬電子文件，不生經相對人同意之問題。倘屬電腦傳真系統之傳真，係電子文件之一種，如於章程中明定為董事會召集通知之方式，解釋上應認為董事已默示同意，毋庸另依公司法第204條第2項規定取得其同意。是以，倘公司章程規定：「董事會召集通知，得以傳真或電子郵件（E-mail）方式為之。」者，所稱傳真倘係指一般之紙本傳真，因不屬電子文件，不生經相對人同意之問題；倘係指電腦傳真系統之傳真，與電子郵件（E-mail）均屬電子文件之一種，應認為董事已默示同意，毋庸另依公司法第204條第2項規定取得其同意。三、倘公司章程未規定董事會召集通知之方式而公司擬以電子方式作為董事會召集通知之方式者，應依公司法第204條第2項規定取得董事同意始可。四、本部74.10.24經商字第46656號、90.10.29經商字第09002526570號及95.10.12經商字第09502145290號函釋，不再援用；98.7.17經商字第09802090850號函，爰予補充。

要職責就落在會議主持人（董事長）的肩上。董事會的議事，公司法沒有特別規定，遵循一般會議體運作方式進行即可。實際上公司的自治性於章程或董事會規則作規定者也有之。董事長為議長，主持會議，董事長請假或因故不能出席時，由副董事長代理之，無副董事長或副董事長亦請假或因故不能出席時，由董事長指定常務董事一人代理之，其未設常務董事者，指定董事一人代理之；董事長未指定代理人者，由常務董事或董事互推一人代理之（公司法第208條第3項）。

董事會與股東會同，必須作成議事錄（公司法第207條第1項），將議事之過程、要領以及結果作書面記錄，並由出席董事、監察人簽名蓋章作成議事錄，分發各董事、監察人，在公司存續期間，應永久保存（公司法第207條第2項準用第183條規定）。

董事於議事錄上有表示異議記錄者，該董事對該不當決議免責，至對不當決議表示異議卻無記錄或聲明之出席董事，將被推定為贊成決議，故董事會之議事錄，對董事責任之追究，具有特別的意義。

(二)決議

董事會決議表決時，每一董事有一個表決權，除另有特別規定外，應有過半數董事之出席，出席董事過半數之同意行之（公司法第206條第1項）。公司章程規定提高決議要件，應被允許；但降低決議要件則不可，違反民主制度多數決原理，故法律為最低要求之規定。

法定出席數之計算，係以能參加決議之董事為基準，因此受假處分停止職務執行之董事不計入；反之，董事之代理人應計入，對決議事項有特別利害關係[9]之董事應迴避，不得行使決議權，亦不計入該事項表決之法

9　董事個人對議案具有利害關係時，稱為特別利害關係。董事立基於與公司間的委任契約，對公司應負忠實履行職責之義務。所謂董事個人立場與此職責有所對立矛盾的利害

定出席數。

董事自身利害關係是指，會招致董事違反忠實義務，與公司利益衝突之董事個人本身利害關係而言，定義極為廣泛，法律條文又沒有具體規定，所以非屬董事本人而是董事的近親，例如妻子、兒女等人，與董事會決議事項有利害關係時，要不要算入董事自身利害關係而適用本條規定，排除其董事表決權行使，向來就有肯定與否定兩說的爭論。

董事近親的利害關係也會牽動董事的私心，僅顧其利益而犧牲公司利益之可能性大，乃人之常情，所以也應當列入排除範圍才是合理，這是肯定說的理由。反之，法條明文規定「有自身利害關係」是指明董事自身，所以當然以董事自身之利害關係為限，不得任意擴張；況且近身人物的利害關係對董事是間接性，間接利害關係也納入範圍對象，會招來界限將難以策定的困擾，這是否定立場的說詞；肯定與否定兩派爭論已久，迄今尚無定論。

這次（2018年）修法增訂公司第206條第3項，「董事之配偶，二親等內血親，或與董事具有控制從屬關係之公司，就前項會議之事項有利害關係者，視為董事就該事項有自身利害關係」，如此以明文規範方式，杜絕前揭之爭議。

董事之決議權限於出席董事會上行使，董事會如以徵求董事意見方式

關係，例如董事競業的同意、對董事個人提起訴究董事個人董事責任免除等決議案均屬之。但是對董事長的選任或解任，該當董事是否為特別利害關係人，見解不一；董事長選任議案中，候選人參與投票是參與公司業務執行之決定，不發生特別利害關係，是日本之通說（松井雅彥「選任行為の性格」，上柳克郎先生還曆記念・商事法の解釋と展望，有斐閣出版，第197頁）。對代表董事解任案，法院裁判則謂，該代表董事去除私心為公司忠實執行，殊難期待，而判為代表董事特別利害關係（最高裁判所昭和44年3月28日判決，民事判例集23卷3號，第645頁）。解任與選任性質不同，係屬於監督權的行使，並非業務執行之一部分，故為特別利害關係應該迴避，理論上的主張，值得傾聽（出口正義・株主權法理展開，文真堂出版，第310頁）。

作成的決議，因缺乏董事出席會議與決議之事實，原則上無效。董事基於信賴及其專才資質而被選任，原則上其決議權不允許代理人行使，此為多數國家公司法之通例，我國反而明文承認可以章程規定由其他董事代理制度（公司法第205條），實屬罕見立法例。

(三)書面方式行使表決權

我國公司法原僅允許董事會以實體集會或視訊會議方式召開，而香港法對於董事會開會方式，原則上允許以任何方式為之，董事會得以書面決議取代實際開會，但會前須取得全體董事同意；又日本会社法亦有類似之規定。我國爰仿外國立法例，容許多元方式召開董事會，增訂公司法第205條第5項，明定公司得於章程定明經全體董事同意，董事就當次董事會議案以書面方式行使其表決權，可不實際集會，以利公司運作之彈性及企業經營之自重。

公司倘於章程定明經全體董事同意，董事就當次董事會議案得以書面方式行使其表決權時，為明確推定其效果，爰增訂同法同條第6項，明定視為已召開董事會，毋庸實際集會；又董事就當次董事會議案以書面方式行使其表決權者，其法律效果，亦予明定視為親自出席董事會。

上所列舉外國立法例之一，日本会社法第307條規定：「設置董事會之公司，得於章程規定，董事對於董事會提案要求決議時，對該當提案全體董事（僅對該提案可以參加表決之董事為限），以書面或電磁紀錄，表示同意時（但監察人對該提案表示有異議時除外），該當提案視為已獲董事會決議通過。」其條文內容的旨趣是，公司章程可以規定，董事對董事會之議題做出提案時，對該提案全體董事以書面或電磁紀錄表示同意，實際開會可以省略，也是議案成立的推定效力規定，絕非針對董事會書面表決權行使制度的承認。

　　日本法何以作如此規定，應當是董事對於某項提案，全體皆已表示同意，意見一致，贊成與否答案已十分明確，召開會議再行表決，實質意義已不存在，何必多此一舉，故推定該議案決議通過之效力，是歸納事理的當然結果。又為何同意之意思表示方法，僅以書面或電磁紀錄為限，其理由是為留下具體物證的需要（会社法第37條規定，公司董事會負有必須保存十年之義務）。

　　由上分析，日本法明顯地與我國公司法的規定不同，我國公司法之全體董事同意是針對書面表決權行使之方法的同意，而日本法是針對提案的同意。依我公司法規定，全體董事同意以書面方式行使表決權，之後每位董事必須再行書面表決，議案才能成立；反觀日本法則沒有此必要，差別在於日本法是決議的省略，而我國公司法是實質會議的省略，兩者規定的內容不同。更嚴謹地說，日本法始終沒有承認董事會書面表決權行使之制度[10]，對此顯然是這次立法者失查所犯的誤解。

　　再進一步言，現行公司法導入董事會制度之目的，是要排除各個董事獨斷獨行，所常犯狹隘偏差判斷發生的弊害。董事會是要求董事集合開會，在會場中廣泛交換意見，反覆說明討論，逐漸形成共識，再作決議，其目的是在提高判斷的品質，追求集思廣益的效果。因此，實質會議才是董事會存在的實質意義，如果排除實質會議召開，只要以書面方式決議的董事會，架空會議集思廣益的核心價值，豈可輕易為之。

　　又依現行制度下，董事並非機關，僅是董事會機關的構成員，其唯一本質性的職責，就是出席董事會參加開會，議決公司的經營事項，所以董事出席開會是履行義務；董事不出席董事會，本身就有可能構成董事職務懈怠的責任問題。何況董事不參加會議，不經過開會議事之深思熟慮過程，以書面所做的決議，將會是不符合經營判斷法則的要求，終將構成董

10　江頭憲治郎，株式会社法，有斐閣出版，38卷。

事善良管理人注意義務的違反，其可能性極大。由此可知，實質會議的董事會是董事行事盡責，不可或缺的舞台，省略實質會議，不提供議事之舞台，而陷董事於不法，是有悖情理的制度，又豈能輕易為之。

　　以上之論述，乃是日本法不敢積極承認董事會書面行使表決權制度的理由。但是，我國立法者在沒有細查究竟下，竟列舉日本法為榜樣，輕率地承認董事會書面行使表決權制度，令人啼笑皆非。或有論者會提出反駁，股東會的書面投票制度不是堂堂正正的在使用，何以同是會議體，董事會卻不許使用。蓋因董事出席董事會是義務之履行，又董事是否積極參與開會，是經營判斷法則以及注意義務適用的對象；已如上所述，董事會的實質會議是董事行使盡責不可欠缺的舞台，所以實質會議無法省略，而股東出席股東會是權利的行使，非義務之履行，不發生上述責任問題，因此省略股東會的實質會議可行。歸納其差異所在，乃董事於董事會的表決權行使與股東於股東會的表決權行使，兩者性質不同所致。

　　最後追加一個問題，2018年新增公司法第205條第4項之同意要件之中，未列入董事會成員之一監察人（雖無表決權，但有出席權及發言權）之無異議表示為要件之一，也令人費解。

　　綜上所述，對於本次公司法第205條第4項與第5項的新增規定，誠難認同是妥善的立法，宜再斟酌法理並及時修正之。

(四)決議的瑕疵

　　董事會決議在程序上或內容上有瑕疵時，法無明文規定，因與股東會決議瑕疵有特別規定不同，只能循一般理論處理。即決議內容違反法令、章程或召集程序、決議方法之瑕疵，一律視為當然無效。主張無效之方法、時間全無限制，由何人、何時、以何種方法均可主張無效。向法院提起確認董事會決議無效之訴亦可，只是與股東會決議無效確認之訴效力有

別，即確認董事會決議判決不具有特別效力。

　　確認董事會決議無效之訴，法院認其違反之事實非屬重大且於決議無影響者，可否駁回其請求，即公司法第189條之1規定於確認董事會決議無效訴訟可否類推適用？實例上最具爭議者，如一部分董事被漏通知而缺席時所作之決議，於該等董事如出席並就其表決權全數投贊成或反對，亦均不影響決議結果時，客觀上合乎公司法第189條之1要件，應可裁定駁回，但此情形仍應認為決議無效較為妥適[11]。蓋董事會旨在召集董事集聚一堂，開會討論，經由議論形成共識，再行表決；因該部分董事未出席參與議論，致其影響無法計量，絕非單純以人頭數一人一表決權計算而定。但如該等董事為掛名董事，依往例通知也絕不出席，或縱使出席也不表示意見等明顯特殊之情況，則可酌量裁決駁回之[12]。

第七節　內部控制制度的建構

　　在所有與經營分離原則下，董事受託經營公司，為確保經營之業務執行的適正性以及法令、章程之適合性（Compliance），建構內部控制制度（Inter control）被視為是一種相當有效的手段。

　　內部控制制度是1920年代在美國提倡出來的新概念，當初是為確保財務報告之信賴性，會計監察人為會計監查時所創造的內部控制制度，逐漸的推廣適用到經營人對員工、職員「業務之適當與合法性」的監督與監視上，而現在成為董事自我監督與監視所使用的制度。日本到1999年才將之法制化（商法特別法第21條之7第1項第2款），實行至今已成為公司治理

---

[11]　此種漏未通知部分董事，同樣採無效說之見解參照王志誠，董事會決議瑕疵之效力，法學講座，94年第32卷，頁69-70。

[12]　日本最高裁判所昭和44年12月2日判決，民事判例集23卷12號，第2396頁參照。

之重要制度之一。

　　我國證券交易法第14條之1條文，規定公開發行公司應建立財務、業務之內部控制制度，並應於每會計年度終了後三個月內，向主管機關申報內部控制聲明書，而內部控制制度之內容則由主管機關之準則訂定之。內部控制制度係由經理人設計規劃，經董事會議決通過後實施。其目的在促進公司之健全經營，以確保：(1)營運之效果及效率；(2)報導具可靠性、及時性透明化及符合相關規範；(3)相關法令規章之遵循等目標之達成而設計規劃；內部控制制度應包括下列組成要素（公開發行公司建立內部控制制度處理準則第6條）：

1.控制環境
係公司設計及執行內部控制制度之基礎。控制環境包括公司之誠信與道德價值、董事會及監察人治理監督責任、組織結構、權責分派、人力資源政策、績效衡量及獎懲等。董事會與經理人應建立內部行為準則，包括訂定董事行為準則、員工行為準則等事項。

2.風險評估
風險評估之先決條件為確立各項目標，並與公司不同層級單位相連結，同時須考慮公司目標之適合性。管理階層應考量公司外部環境與商業模式改變之影響，以及可發生之舞弊情事。其評估結果，可協助公司及時設計、修正及執行必要之控制作業。

3.控制作業
係指公司依據風險評估結果，採用適當政策與程序之行動，將風險控制在可承受範圍之內。控制作業之執行應包括公司所有層級、業務流程內之各個階段、所有科技環境等範圍及對子公司之監督與管理。

4.資訊與溝通

係指公司蒐集、產生及使用來自內部與外部之攸關、具品質之資訊，以支持內部控制其他組成要素之持續運作，並確保資訊在公司內部，及公司與外部之間皆能進行有效溝通。內部控制制度須具備產生規劃、執行、監督等所需資訊及提供資訊需求者適時性之機制。

5.監督作業

係指公司進行持續性評估、個別評估或兩者並行，已確定內部控制制度之各組成要素是否已經存在及持續運作。持續性評估係指不同層級營運過程中之例行評估；個別評估係由內部稽核人員、監察人或董事會等其他人員進行評估。對於所發現之內部控制制度缺失，應向適當層級之管理階層、董事會及監察人溝通並及時改善。

　　公開發行公司於設計及執行，或自行評估，或會計師受託專案審查公司內部控制制度時，應綜合考量前項所列各組成要素，其判斷項目除金融監督管理委員會所定者外，資實際需要得自行增列必要之項目。

　　公開發行公司之內部控制制度應涵蓋所有營運活動，遵循所屬產業法令，並應依企業所屬產業特性以營運循環類型區分，訂定對下列循環之控制作業（同準則第7條）：

1.銷售及收款循環

包括訂單處理、授信管理、運送貨品或提供勞務、開立銷貨發票、開出帳單、記錄收入及應收帳款、銷或折讓及銷貨退回、客訴、產品銷毀、執行與記錄票據收受及現金收入等之政策及程序。

2.採購及付款循環

包括供應商管理、代工廠商管理、請購、比議價、發包、進貨及採購原料、物料、資產和勞務、處理採購單、經收貨品、檢驗品質、填寫驗收

報告書或處理退貨、記錄供應商負債、核准付款、進貨折讓、執行與記錄票據交付及現金付款等之政策及程序。

3. 生產循環

包括環境安全管理、職業安全衛生管理、擬訂生產計劃、開立用料清單、儲存材料、領料、投入生產、製程安全控管、製成品品質管制、下腳及廢棄物管理、產品成分標示、計算存貨生產成本、計算銷貨成本等之政策及程序。

4. 薪工循環

包括僱用、職務輪調、請假、排班、加班、辭退、訓練、退休、決定薪資率、計時、計算薪津總額、計算薪資稅及各項代扣款、設置薪資紀錄、支付薪資、考勤及考核等之政策及程序。

5. 融資循環

包括借款、保證、承兌、租賃、發行公司債及其他有價證券等資金融通事項之授權、執行與記錄等之政策及程序。

6. 不動產、廠房及設備循環

包括不動產、廠房及設備之取得、處分、維護、保管與記錄等之政策及程序。

7. 投資循環

包括有價證券、投資性不動產、衍生性商品及其他投資之決策、買賣、保管與記錄等之政策及程序。

8. 研發循環

包括對基礎研究、產品設計、技術研發、產品試作與測試、研發記錄與文件保管、智慧財產權之取得、維護及運用等之政策及程序。

　　公開發行公司得視企業所屬產業特性，依實際營運活動自行調整必要之控制作業。

　　公開發行公司之內部控制制度，除包括前條對各種營運循環類型之控制作業外，尚應包括對下列作業之控制（同準則第8條）：

1. 印鑑使用之管理。

2. 票據領用之管理。

3. 預算之管理。

4. 財產之管理。

5. 背書保證之管理。

6. 負債承諾及或有事項之管理。

7. 職務授權及代理人制度之執行。

8. 資金貸與他人之管理。

9. 財務及非財務資訊之管理。

10.關係人交易之管理。

11.財務報表編制流程之管理，包括適用國際財務報導準則之管理、會計專業判斷程序、會計政策與估計變動之流程等。

12.對子公司之監督與管理。

13.董事會議事運作之管理。

14.股務作業之管理。

15.個人資料保護之管理。

公開發行公司設計審計委員會者，其內部控制制度，應包括審計委員會議事運作之管理。

股票已上市或在證券商營業處所買賣之公司，其內部控制制度，尚應包括對下列作業之控制：

1. 薪資報酬委員會運作之管理。

2. 防範內線交易之管理。

又公開發行公司使用電腦化資訊系統處理者，其內部控制制度除資訊部門與使用者部門應明確劃分權責外，至少應包括下列控制作業（同準則第9條）：

1. 資訊處理部門之功能及職責劃分。

2. 系統開發及程式修改之控制。

3. 編製系統文書之控制。

4. 程式及資料之存取控制。

5. 資料輸出入之控制。

6. 資料處理之控制。

7. 檔案及設備之安全控制。

8. 硬體及系統軟體之購置、使用及維護之控制。

9. 系統復原計畫制度及測試程序之控制。

10.資通安全檢查之控制。

11.向本會指定網站進行公開資訊申報相關作業之控制。

　　為落實內部控制制度之實質效果，又有1.內部稽核、2.自行評估聲明書、3.會計師專案審查三種措施規定，分述如下：

1.內部稽核

　　為協助董事會及經理人檢查及覆核內部控制制度之缺失及衡量營運之效果及效率，並適時提供改進建議，以確保內部控制制度得以持續有效實施及作為檢討修正內部控制制度之依據，公司應設置屬於董事會之內部稽核單位，制定內部稽核實施細則，按稽核計畫定期確實執行，並作成稽核報告。

2.自行評估及內部控制制度聲明書

　　為落實公司自我監督的機制，即時因應環境的改變，已調整內部控制制度之設計及執行，並提升內部稽核部門的稽核品質及效率，公司應於內部控制制度訂定自行評估作業之程序及方法，對公司各類內部控制制度之設計及執行實施自行評估。自行評估結果依規定格式作成內部控制制度聲明書，應於每會計年度終了後三個月內於證券管理委員會指定網站辦理公告申報，並應依規定刊登於年報、股票公開發行說明書及公開說明書。

3.會計師專案審查

　　為使公司之利害關係人瞭解該公司之內部控制制度設計及執行是否有效，公司可委託會計師或主管機關依法指定專案審查公司內部控制制度。專案審查應以受查公司與外部財務報導及保障資產安全有關之內部控制制度為具審查之範圍（同準則第28條）。會計師審查受查公司內部控制制度之設計與執行及其所出具之內部控制制度聲明書所聲明事項，依審查意見作成審查報告（同準則第32條）。其中特別應針對取得或處分財產、從事衍生性商品交易、資金貸與他人之管理、為他人背書或提

供保證之管理、關係人交易之管理、財務報表編製流程之管理及對子公司之監督與管理訂定相關作業程序表示意見，以單獨一段文字於審查報告中作適當之說明（同準則第37條）。會計師專案審查公司內部控制制度所發現之缺失，應依規定格式出具內部控制制度建議書，以作為受查公司改進缺失之參考依據（同準則第36條）。

　　內部控制制度的建立作業，以確保業務營運效率，報導信賴性及業務執行之法令遵循為內容，本質上無疑是公司業務執行的一部分，如前所述是隸屬於董事、董事會的權限。依理而言，內部控制制度建立不建立，建立什麼內容、規範到什麼程度，是董事、董事會基於公司經營受託人之責任，按各個公司的規模條件及背景，由公司自己判斷設計，是公司任意自治事項之一，但是為強調上市公司董事會之機能有必要將業務執行與監督、監視分離，以及強化董事會自我監督之機制，我國證券交易法仍仿效外國立法導入內部控制制度，對上市公司對制度建立做義務化的規定。同時考慮制度建立初始，公司可能無所適從，為方便公司遵法建構，對制度建構方法方向做了諸多指導性、原則性的規定，但也僅止於格式、框架的規定，在制度內容上仍留下董事、董事會自由判斷設計空間。蓋公司規模大小不同，業務種類繁多，依照這些不同條件，內部控制制度的建構當然無法統一。

　　內部控制制度之建立已法定義務化，若董事、董事會不建立，當然發生董事之任務懈怠責任。然而，構建內容不適當之內部控制制度，致使公司或第三人受損害，仍然會有董事任務懈怠責任之發生。換言之，內部控制制度之建立是立基於董事善良管理人注意義務之上。

　　內部控制制度之建立（Plan）、實行運用（Do）、檢查評估（Check）、改善（Action）一連串循環程序（PDCA循環）的作業。內部控制制度達成，必須實際實行之外，還要經常評估修改，保持隨時都是適合、適當的制度。這個適當性的確保也是董事善管注意義務的範圍。但實

際作業之法定負責人為經理人，即內部稽核單位。

又法規定，建立內部控制制度董事會所決定，決議內容必須受監察人或審計委員會審查，若認定有內容不當處，其意旨、理由一併記載於內部控制制度聲明書，該聲明書於每年會計年度終了三個月內申報主管機關並公布公開。

在此特別提起，要使董事會制度點睛入魂，確保董事會制度之實際效果，除此內容控制制度之外，另有一法寶──公司治理規則之制度（Corporate Governance Code），剛在先進國家間新鮮登場，備受注目，在此順便簡單介紹日本公司治理規則供參考。

日本公司治理規則（Corporate Governance Code）於本年（2015年）6月1日施行。該規則是本著認識「公司治理」制度是要公司充分考量股東、顧客、員工及當地社區等之立場，為透明、公正且迅速果斷的意思決定而存在的結構。為實現公司治理實效，將有用、有益之原則收集而成的規則。公司經由自治自律策畫，妥適實踐本規則之各原則，將致使公司持續成長，提昇公司中、長期的企業價值，結果對公司、投資人以及全體經濟都有貢獻。

該規則是(1)股東權利、平等性的確保；(2)股東以外利害關係人之適切的協調互動；(3)資訊之正當公開與透明性的確保；(4)董事會等職責；(5)公司股東間的對話等五項基本原則所構成。基本原則之下，又附加原則與補充原則，總共有73個原則。

實踐這些原則是依依據公司業種規模、專業特性、機關設計及圍繞公司環境等條件之不同，各自籌劃實施方法，各行各是。

鑑於此，該規則不採對公司應如何行動做詳細的規定，也即不採細則

主義的規定。而是採用各個公司依其所處的狀況，各自籌劃實踐，也即採用原則主義的規定。

因為是原則主義的規定，所以不同於一般法令，不具有法拘束力，其實施是採「Comply or explain」，即原則上要實行，但如不實行要說明理由的方式。也就是說該規則的各原則（基本原則、原則、補充原則）之中，依公司個別事由之考量，發現有不適合實行之原則，尊重其考量，可以不實行，但不實行的理由要充分說明。

日本為破除向來社會對法令形式性、表面性的遵守，無法收到法的實際效果之問題，這次初次採用原則主義的規定方法，將有用、有益原則網羅規定，原則能實行是上策，不予強制，但對不實行者強制說明，以求實效。

當下日本經濟成長戰略之一環，祭出這個「企業治理規則」，日本社會寄予很大的期待，稱之為企業改革元年，或謂為進攻型企業之變革。

董事長制度——代表機關

第一節　代表機關‧代表權限

　　公司爲法律行爲，必須由具有公司代表權限（涵蓋公司營業一切事務包括性的代表權限）之代表機關行之。股份有限公司是採行所有權與經營權分離之組織體，股東（所有者、出資者）的權限、業務執行權限與公司代表權限分屬個別機關。

　　代表機關之代表權限（基於代表權限所爲之代表行爲，直接構成公司行爲，不存在代表機關行爲之說，性質上與代理權限有別[1]。代理基於代理權限所爲之代理行爲，仍是代理人之行爲，只是法律效果歸屬於本人），是對公司營業上一切事務全面辦理權限（公司法第208條第5項準用第57條規定），故謂包括性代表權限。公司經營數種業務或設有多數營業處所，均爲代表權限所涵蓋。換言之，凡公司權利能力範圍之行爲，均爲代表權限所及。對於該代表權，公司章程之規定、股東會決議及董事會之決議所加之限制，稱之內部限制（是公司內部所設之任意限制）；法令規定所加之限制（例如公司債之發行，公司法第246條），稱爲外部限制。又公司對代表權所加限制，不得對抗善意第三人（公司法第208條第5項準用第58條規定）。但深思之，內部的限制或外部的法令限制，絕非對代表權限本身的限制（即非權限有無或範圍的限制），僅是對代表權行使方法加以限制。蓋公司代表機關之代表權限係法定、固有、包括性的權限，本質上是無法加以限制，故也被稱爲不可限制之權限。所以，代表權若違反限制（不拘內部或法令限制，法令限制違反後構成善意第三人保護，將是極端有限）僅表示代表權行使方法有問題，並非構成無權代表，仍係有權

---

[1] 代表是代表機關董事長爲公司之目的所爲意思表示，依照所表示之代表意思的指向，成爲公司自身的意思表示，因此公司自身是行爲者成立自爲的法律行爲。但是，代理（依據代理行爲說通說的說法）則不同，代理人所爲意思表示，終極還是代理人自身的意思表示，不視爲本人的意思表示，該意思表示構成法律行爲，依然是代理人的法律行爲，不構成本人的法律行爲，本人只是成爲代理人所爲法律行爲效果歸屬之當事人而已，所有的法律效果依據代理意思的指向，直接由本人承受。

代表之行為，故行為原則上有效；但是，對限制事由之存在明知或應知之惡意者，得以所加限制對抗，即公司對相對人舉證其惡意而主張行為無效。

　　代表董事或董事長，是由董事中設有常務董事者，其中互選一人為董事長，對外代表公司，為一常時性獨任制的法定必要機關，因擁有公司代表權，亦稱為代表董事。因此，代表機關‧董事長的意義是：

一、董事長是由董事或常務董事中，互選出來一人的單獨制機關

　　董事長非由董事中選出不可，不具董事身分者不能當選為董事長。董事長僅能選出一人，故為對外代表公司之單獨制機關，本質是代表董事，我國公司法法定名稱謂之董事長。理論上代表董事也可以設置數人，單獨代表或共同代表均可行；惟我國公司法將代表機關法定為董事長，自然成為單一人制。大規模公司只有一人代表公司，難以應付是當然事實，技窮術盡之下，公司法乃制定董事長代理制，實則越弄越亂、治絲益棼，這是我國公司法將代表機關法定為董事長，自我束縛之惡果。

二、代表董事或董事長代表公司為常時性活動的機關

　　董事長是公司代表機關，為公司發送、接受意思表示，也為公司發送、接受通知、催告，凡公司之法律行為及其他準法律行為，均由代表機關為公司為之。業務執行機關董事會如為兼具代表關係的業務執行時，原則上是交付董事長行使，此因涉及代表權，董事會無權限以公司名義為該法律行為，必須由代表機關擔行之，董事長為公司發送、接受意思表示，其所成立的法律行為就是公司的法律行為。不可不辨的是，董事會將一定的法律行為委任或命令董事長為之，例如擔任公司日常事務之處理，此際董事長還是董事會的輔助者身分執行職務，仍與其他公司使用人居於同樣地位。

第二節　代表權限之病理現象

一、欠缺董事會必要決議之董事長代表行為，其效力如何？

　　代表機關董事長被授有代表權，業務執行權專屬於董事會，有關業務執行之代表行為，代表機關必須受董事會委任始能為之；至於非重要業務（如日常業務處理）執行之決定與實行，則包括性的委任董事長，或董事會決定後再委任董事長執行也有之。惟重要業務的決定無法委任，代表機關必須先經董事會決定，始能為之，此前提如有欠缺（決議無效或決議不存在），董事長逕行代表為之，效力為何，乃向來爭議問題：

(一)心中保留說

　　認為董事長對於公司營業擁有包括性的代表權限（公司法第57條），董事會決議欠缺是公司內部意思欠缺的一種現象，上述的代表行為應為有效；但代表行為的相對人如明知董事會決議欠缺時，其代表權無效，該說是以民法第86條為依據，因此被稱為真意保留類推說。但細思即明，民法第86條是對法律行為之意思表示者，欠缺效果意思或真意問題所作規定，而公司代表行為之意思表示是代表機關所為，其意思表示中包含效果意思及真意，不存在欠缺問題（要代表公司簽訂契約也是如此），董事會決議欠缺與否與是否構成代表行為之意思表示瑕疵毫不相干，此說的理論構成顯然無據。

(二)無權代表說

　　此說的立場是將業務執行權包含代表權限，如某種代表行為，代表機關沒有業務執行權時，即未擁有代表權限，故董事會沒有決議之事項，業務執行權未具體發生，導致代表權也不存在，代表機關逕而為之，即為無

權代表。無權代表準用無權代理之規定，藉表見法理之類推適用可達到交易安全之保障。但是，包括性的代表權限是代表機關董事長的固有權限，是現行公司法所規定，此說顯難容於現行公司法制。又以交易對方的立場來說，與代表機關締結業務執行之契約時，課以調查有無業務執行權，即有無代表權之責任，顯然與現實社會要求不合，此說亦難謂適當。

(三)相對有效說

　　董事會的業務執行權與代表機關之代表權是個別分屬的權限。一般性的業務執行事先獲有董事會授權，代表行為的相對人僅對代表權限之有無盡注意義務，對於業務執行權限之有無，不負調查義務，屬於董事會決議必要決議事項欠缺決議時，代表機關逕行代表，其行為仍屬代表權限範圍內行為，依然有效。惟對該代表行為應經董事會決議而決議欠缺之故意相對人（知情者），公司可主張（負知情之舉證責任）該行為無效，此說被稱為相對有效說（相對人善意有效，惡意則無效），也是當下多數說。導出這個結論之理論根據，一般均求之於誠實信用原則或權利濫用法理。然而深入探討，實際是源自公司法人組織內部機關權限分配必然會發生之矛盾問題。因此，公司法預先備好調整解決之方策，此觀公司法第57條、第58規定準用於董事長之代表權限即是。換言之，公司代表機關的代表權限是有關公司代表行為之全面授與，因為一事一務個別授權方式無從採行，以事先包括性的授權方式即必要且符實際。包括性代表權限行使中，一旦發生董事會必要決議事項欠缺決議時，原則仍屬有效，以保障交易安全，只例外對於惡意相對人，公司可主張無效。如此制度上調整解決就是上開條文規定之本旨，該公司法規定，才是多數說真正的依據。據此推論，代表機關獨斷逕行的代表行為無效的主張，唯有公司才可為之。又公司對該無效行為隨時都可加以追認之。但要特別留意，經理人之選任、分店等重要組織的設置、變更或廢止等公司組織內之代表行為，此種行為不涉及所謂交易安全考量，故於欠缺必要董事會決議時，直接解釋為無效。

二、代表權限濫用行為的效力

　　代表機關董事長犧牲公司利益，為自己或他人之利益所為代表行為，如意圖侵占公司資金款項，董事長代表公司逕自將公司所有房地產出售之行為者即是，本質上是代表權限濫用行為，該行為效力如何，也是應探究的問題。此時構成董事違反善良管理人之注意義務及忠實義務，對公司應負損害賠償責任，以及構成董事、董事長解任的正當事由，詳如後述，茲先就濫用行為的效力論述。

(一)無權代表說

　　此為民法學說中最多的主張，認定是代表權限限制的問題，對內無法正當化的代表行為即係代表權限範圍外的行為，是無權代表行為。此說又認為，無權代表行為之相對人可主張表見代表，獲得救濟，對惡意相對人則認無權代表行為之效力為無效。

(二)有權代表說

　　主張代表行為是基於代表權限而為，不法意圖是單純行為動機的問題，濫用行為仍是代表權限範圍內的行為，為有權代表行為的有效行為。此說雖主張濫用行為也是有權代表行為為有效，但基於衡平原則，對明知代表機關濫用意圖的惡意相對人，公司可對之主張行為無效。其理論根據有兩派，其一為真意保留意思表示類推說，意思表示中表示行為所依據的真意，與效果意思欠缺的真意保留之意思表示相似，故類推適用民法第86條解決。另一則為權利濫用說，任由明知代表機關濫用意圖的惡意相對人，主張代表行為有效，顯然是誠信原則的違反，既為權利濫用不容許其主張有效。以上是現存對立諸說之見解。

　　然論及代表機關為濫用行為，本以代表機關有代表意思為前提（即為公司而為公司行為的意思），假設無代表意思，該行為僅屬代表機關個

人行爲，不發生代表機關之代表權限濫用問題。亦即此時表示行爲所依據之眞意、效果意思存在（例如代表公司將公司所有不動產出售爲要約或承諾的表示行爲），既然如此就非眞意保留，犧牲公司利益而圖私利的意圖（例如變賣公司財產價金私吞之意圖）只是動機的問題，跟代表意思絲毫不生牽扯，與眞意保留不相類似，採類推適用的理論不成立。再者，濫用行爲之相對人僅對代表機關代表權限存否負注意義務，對代表機關之不正意圖無須負注意義務；況且，不正意圖（不正動機）既不影響代表行爲，公司又如何能以相對人對代表機關不正意圖知情，執以主張違反誠信原則或權利濫用，進而持以對抗相對人，因此誠信原則或權利濫用說也難構成。

三、表見代表董事

　　誠如前述，此是內部制約與外部包括性代表權限性質發生齟齬的制度化問題，因其特殊性、個別性的問題殊難找到合宜的理論、法理加以解決，故公司法方預先備有解決方法，而設公司法第58條之規定；約言之，本問題也單純引用該規定即可迎刃而解，其法理與前述欠缺董事會必要決議的代表行爲同。

　　公司認許無代表權限的董事以代表機關或董事長名稱（例如未經董事會合法選出之董事長）對外行使代表權或對其行使代表權，而不積極否認（默認）時，該代表行爲對公司之效力如何，也是經常出現的問題。原則論之，無代表權限者所爲的代表行爲是典型的無權代表，等同無權代理，該行爲無效。但公司就該行爲是否得對任何人均可主張？雖實際未授與代表權限，但董事長之職稱是法定代表機關，以董事長名稱行使，當然擁有代表權限之信賴外觀，基於交易安全考量，對善意相對人應給予保護，而認定公司應負責任，因立法採表見代表制度加以肯定者有之（日本会社法第354條及第421條），雖無明文依據而類推適用民法表見代理規定予以肯

定也可。

　　申言之，無代表權限者以董事長名稱行使代表行爲，公司認許（包括默認＝可歸責性）其行使時，對該行爲者（表見董事長）無代表權限不知情之善意相對人，該行爲與代表機關（董事長）所爲代表行爲相同，屬公司的有效行爲，公司應負責任。上述針對無代表權董事爲代表行爲之檢討，在非董事之人以董事長名稱行使代表行爲而公司認許時，同樣產生表見代表，亦同樣處理。唯一不同者，董事長是由董事中選出，非董事無法被選爲董事長，相對人如明知行爲相對人非董事，也就是明知其非董事長，此時應是表見董事加上表見董事長之雙重表見信賴，始能構成，相對人善意之認定將是極端狹小。

　　表見代表董事長之行爲公司應負責，是公司授與其使用或承諾其使用董事長名稱，造成表見代表之外觀，公司顯然有可歸責性。是以，無代表權的一般人逕自使用董事長名稱，因欠缺表見外觀，本與公司無關，公司無須負責；但此時，公司對於無代表權人使用董事長名稱知情，卻未爲任何阻止措施時，仍被視爲公司默認，而存在代表公司之表見外觀，公司依然有可歸責性而應負責。

　　上開公司名稱行使之授與或是承諾，應解釋爲董事長選任權所屬之董事會之授與或承諾。但是公司知情而放任不爲任何否認時，「公司知情」之判斷基準如何設定？究是董事全體知情、過半數知情、董事長一人知情，抑或是董事一人知情爲已足，眾說紛紜，統一見解極爲困難。

　　再者，表見董事長如不具「董事」身分，於一般使用人可否構成，仍有疑點。蓋董事長是從董事中選任，必先具有董事身分，方能擔任董事長，故一般使用人實無法構成表見董事長。惟此時如公司授與或默認其使用董事長名稱，因具表見董事長外觀因而對信賴的第三人仍應予保護，不因授與對象之身分地位不同而有歧異差別，此爲通說立場。

應受保護之善意第三人是指對行為人非正式董事長之事不知情而言,但善意範圍如何設定,不知情而具有重大過失者,一般均視同惡意(知情),因此表見董事長之相對人是善意無重大過失者,方能受保護。

四、商業登記簿上之表見董事長

代表機關董事長之選任、退任屬公司登記事項,該登記事項應登記而不登記,或已登記有變動而不為變更登記者,不得以其事項對抗第三人(公司法第12條),稱為登記效力規定。公司登記制度是為達成公司內部事項公示於眾之目的,原則是就公司已發生事實對第三人可為主張之形成機制。依公司法第12條規定,應登記之事實發生後於登記前無法以該事實對抗第三人;反之,登記後即可主張該事實對抗第三人,此稱之登記制度之一般效力,亦即登記之公示力。登記前是消極的公示力,登記後是積極的公示力。問題是應登記之事實未發生、不存在,卻登記了,其效力如何?例如,董事會未選任甲為董事長,公司竟將甲登記為董事長,事後公司可否以甲非公司董事長,主張對其行為不負責任,此即不實登記之效力問題。

上述登記之公示力,是於登記內容與事實一致時發生的效力,至於虛無的事實登記,以不生任何效力為原則。原來不存在的事實,當然法律關係也不存在。即使容許據以對抗第三人,對抗之內容虛無,不生對抗之意義。但此原則對第三人而言,含有另一層意義,即應登記事項在未登記前,不存在被對抗危險,第三人對登記事實之有無不須調查,僅對有無登記作確認即可,無登記之事實被視為無此事實,第三人可免受不測之損失(消極的公示力)。

反之,一旦登記,登記內容與事實不符,如仍然堅持上述原則,對交易安全之保障將產生重大危害。因如一貫上開原則,如登記後,當事人事

後舉證登記內容異於事實，而主張登記無效，第三人為免除公司對抗，必須針對登記內容是否為事實深入調查，意謂著第三人不可單純信賴登記內容，還兼及確認事實真偽，方可免責，如此登記制度意義蕩然無存。

為此，一般均承認應賦予登記制度具有一種公信力，故意或過失將不實事項登記者，不得以登記內容不實對抗善意第三人。第三人僅信賴登記，對登記內容是否為事實，不用懷疑，即可受到保護，此種積極的公信力，以立法確立者居多，即使無法條規定，通說均肯定之。

公司登記關係人包括登記當事人（如被選任董事）、登記申請人（公司），如有不實登記情事，相關參與關係人，對該不實登記均應負責。又此時第三人之保護條件，應解釋為善意第三人（此與公司法第12條公示規定採登記要件，而非善意對抗要件不同），即對登記內容與事實不符之事，不論該第三人之不知情是否有過失均可受保護。另要留意者，該效力亦有別於不動產登記效力（土地法第43條），可謂是一種特殊效力。

基此法理，未經董事會合法選任而登記為公司董事長，因公信力的作用，形成與表見董事長相同結果，公司應就該人之行為被視同董事長行為而負責，又該人對第三人也應該負董事之責任。

第四章

董事與公司之關係

第一節　董事公司間關係──委任關係

　　董事是業務執行機關（有限公司）或董事會構成員參與業務執行（股份有限公司），也就是說董事是以處理公司事務為職責，依此董事與公司即是事務委任關係。公司法第192條第4項規定，公司與董事間之關係，除本法另有規定外，依民法關於委任之規定。若公司法別無規定，公司與董事間之關係，當然適用民法委任規定。至於公司法為何以明文加以規定，另寓有意義，目的是將董事善良管理人注意義務強行規定化[1]。

　　公司與董事間之關係，既然是委任關係，依民法第535條規定，受任人處理委任事務，應依委任人之指示，並與處理自己事務為同一之注意，其受有報酬者，應以善良管理人之注意為之。時下董事均受有公司給付之報酬，對公司應負善良管理人之注意義務，我國公司法第23條第1項董事應盡善良管理人注意義務，更加以明文規定。

　　董事的善良管理人注意義務，要求董事應謹慎並且誠實遂行職務的義務，此是相較於其處理自己的事務所應盡之普通注意義務還高的注意義務，且不分董事個別注意能力而設定不同之注意義務。對各董事要求相同並較高的注意義務，其理由是信賴各個董事均具有高程度的專業能力，也是賦予董事廣泛業務執行裁量權之平衡考量。董事未盡善良管理人注意義務，致公司受有損害時，董事責任於焉發生，是什麼道理，容後再詳論之。

---

[1]　公司法明文加以規定，另有深層之意義存在，即董事之善良管理人注意義務之強行法規化。一般各國之公司法對董事之善良管理人注意義務均為強行法規之規定，唯美國州法之公司法，將董事責任區分為忠實義務違反（下述之）與善良管理人注意義務違反之責任，對後者之責任可由公司依自主自治，以章程規定免責。我國公司法無免責規定，且一般認為章程免責規定為無效，其根據是源以公司法第23條第1項是強行法規定所然。

　　公司法規定董事應忠實執行業務（公司法第23條第1項），稱爲董事之忠實義務。所謂忠實義務，指董事的行爲，應以公司利益爲優先，不可利用其地位，圖謀自己或他人的利益而犧牲公司的利益，此爲一般的解釋，亦與善良管理人注意義務有別，這是時下之有力說。此說導於英美法，忠實義務制度是英美信託法基礎理論的產物，信託受託人應負的義務，不同於善良管理人注意義務[2]（採這樣說法者稱之異質說）。然我國公司法理架構下，董事僅是事務處理之受託人，不可與英美法上之受託人相比擬，依然課以相同義務責任，略有勉強之嫌。

　　況要求董事凡事以公司利益爲優先，不得爲自己或他人圖謀利益而犧牲公司之利益，不須藉由具有特殊內容的忠實義務，依民法委任契約規定即可解決，也能達到同樣的要求。民法規定委任關係之善良管理人注意，其內容應包含受任人應本著委任人之利益，實現委任目的而行動，當然禁止受任人圖自己或他人利益之行爲，受任人此種義務，另立名稱爲忠實義務，也無不可，但不能認爲是特別性質的另一種義務，仍然是善良管理人注意義務之內容[3]，採這種立場者稱之爲同質說。

2　美國州法將董事與公司之間具有利害對立之可能性事項盡歸「忠實義務」之領域，無此可能性之事項則歸於善良管理人注意義務，兩者嚴加分別下，對兩者違反之效力、要件，以及免責與否，有截然不同的法制規定，因此強調「忠實義務」之別，有其意義與理由。但在我國對兩者之要件與效果向來缺乏區別，在利害對立之際，不圖私利之義務仍是善良管理人注意義務之範圍。故於我國現行法制下，遽然採行美國法上之忠實義務制度，即顯唐突不適。日本法對於此問題亦有同感，既困擾又迷惑，彼等如何處置，引最高裁判所之一則判例，供爲參考：「商法第254條第3項（現会社法第330條）是民法第644條善良管理人注意義務之敷衍，爲更加明確之規定而已，……不可理解爲與通常委任關係所伴生之善良管理人注意義務爲不同種類，更高度義務之規定」（最高裁判所判決昭和45年6月24日，24卷6號，第625頁），此說已成時下日本通說。

3　美國州法忠實義務（fiduciary duties）法理之建構，源自董事是信託財產之受託人（trustee）的觀念，董事被疑與公司之最善利益有利害對立，就難逃脫責任之要件上的嚴格化，又當義務違反責任追究，則不僅債務不履行責任，信託違反之法定信託（constructive trust）之重大責任，也一併存在嚴格化的追擊效果。例如：董事之競業、公司商機（corporate opportunity）奪取，以及敵對併購之對抗措施等，均歸類爲「忠實義務」領域，要件、效果嚴格化。

　美國的情形，外部董事制度多用，與公司利益形成對立之可能性大，因此特意將「忠實

第二節　經營判斷法則

　　董事本著公司利益之目的，盡最大努力執行業務，結果不幸造成公司受到損害，源由經營判斷錯誤，董事本應對公司負賠償責任，但如此處理，會導致董事經營活動的衰退、萎縮。又董事受託經營處理萬機，事務多端複雜，難免有不測的失敗，結果得受非經營專家的裁判官的判斷而要負責，顯然不合理也過於苛酷。基此考量，美國法對董事如以誠實及合理根據所做判斷，該判斷就應受尊重，縱使對公司造成損害亦不必負責，更不該事後經由司法裁判來認定董事責任，此即美國所確立的經營判斷法則（bussiness judgement rule），被視為是善良管理人注意義務（違反責任）的減輕法理，國內也有學者呼應之。

　　董事的業務執行，因不確定狀況以及迫不及待迅速決策的場面極多，因此審究董事是否已盡善良管理人注意義務之判斷，理該依行為當時狀況有無不合理之判斷為基準，事後或者結果論的評斷應不可採行，這個道理應可被接受。我國現行法制下，如不引進美國式的經營判斷原則，除了是否會有問題存在或法制運用不良等現象檢討外，與下列我國現行法制齟齬對立諸問題，也應該一併納入理解判斷，方可做決定。

　　董事在經營判斷上擁有廣泛裁量權是公司法規定的結果，因此於判斷過程如無疏失或懈怠，又判斷本身沒有特別不合理，就我國向來的裁判實務亦未曾輕率認定董事違反善良管理人注意義務。較有疑義者是善良管理人注意義務的判斷基準如何設定？依一般的理解，是以董事是否遵循履行

義務」違反責任嚴格化，「善良管理人義務」則反之減輕化，乃是美國法社會背景法制下，所產生的美國特色制度。依我國董事制度現實狀況，如仿美國將義務二分化，即不自然，也無必要。確實美國二分法對於問題之整理與分類討論有相當助益。但是，怎麼說也是美國企業風土與裁判制度自然形成的美國獨特制度。因此，其他國家不應輕率模仿套用，應形成適合國情之自我制度，才是根本解決之道。

謹慎誠實的判斷，即針對此點審查研判已足。但上開說明仍屬原則性、抽象性的一般理論，具體的判斷須回歸個案，依具體內容個別判斷。具體的判斷基準無法在旦夕之間完成，必須藉由大量判決之累積整理，才能慢慢形成。逕予引用相當成熟且適用已久的美國法上經營判斷原則，作為我國判斷基準參考，是一種方便之策，如堅持將經營判斷法則導入，也似無不可。然而，引進適用於我國法制下，本質上仍屬善良管理人注意義務之問題，以此作為違反與否之判斷基準。

經營判斷法則之適用，是方便注意義務違反與否的檢視判斷，經判斷合乎經營判斷法則之要件，即排除注意義務之違反而免除責任；如此固方便當事人之舉證，也方便裁判上認定，因此，經營判斷法則之機制，僅限於方便注意義務違反與否的檢視與認定功能，絕無論者所主張董事責任之減輕，或經營判斷是經營專家的專權，應排除法官（即司法）判斷之作用，尤其董事責任為何可排除作為司法判斷對象，其理不明不白。

前述主張忠實義務有別於善良管理人注意義務者，其立場也同時採取忠實義務違反與否之認定，不適用經營判斷法則，其論據是忠實義務使董事必須更加慎重行動不可。忠實義務之違反是結果責任，為無過失責任，已排除主觀要件之論斷，當然就不適用經營判斷法則。問題是在現行損害賠償制度下，除法有明文規定外，故意或過失被認為是損害賠償責任要件之一，忠實義務違反之責任追究，當然也不排除適用，目前我國法制上追究董事責任者，僅有善良管理人注意義務違反之一套制度而已，如認忠實義務與注意義務有別，則對忠實義務違反之責任處理也該另行備有對應制度適用，而非僅在法條上增列忠實義務等語（公司法第23條第1項）即可解決，故於國內配套法制未整備之前，強調美國法上忠實義務的特殊，似是一種無法落實的空談。

第三節　競業禁止義務

　　董事於業務執行時，自然會接觸到公司內部資訊或營業秘密，這時候若由董事從事與公司有競業關係的交易行為（不是基於公司董事的身分而為），往往會很自然的利用已獲知之公司內部情報秘密，為自己或他人圖謀利益，致損害公司利益，例如麵包生產販賣公司董事，自己也開設一家與公司相同之麵包生產販賣公司，肯定會把公司的顧客奪走。為此公司法第209條第1項規定：「董事為自己或他人為屬於公司營業範圍內之行為，應對股東會說明其行為之重要內容並取得其許可。」第5項又規定：「董事違反第一項之規定，為自己或他人為該行為時，股東會得以決議，將該行為之所得視為公司之所得。但自所得產生後逾一年者，不在此限。」未取得股東會同意許可，董事不能為此營業行為，稱之為董事之競業禁止義務。

　　競業行為是指董事從事屬於公司營業範圍內的交易行為，所謂「屬於公司營業範圍內」應解為公司的基本營業，但應以實際經營的事業，或以公司章程上目的事業，抑或以章程上形式記載事業為判斷，莫衷一是[4]。但如從董事與公司形成競爭對抗關係，公司擁有之顧客與商機被奪走將造成公司具體受害，為防止該受害發生之規範目的以觀，似以公司實際從事

---

[4]　學說及經濟部見解均採「章程所載之公司所營事業中為公司實際上進行之事業」之見解：參照王文宇，公司法論，元照出版社，95年3版，第325頁；以及經濟部95.10.12經商字第09500626690號函：「按公司法第32條規定：『經理人不得兼任其他營利事業之經理人，並不得自營或為他人經營同類之業務。但經董事或執行業務股東過半數同意者，不在此限。』又同法第209條第1規定：『董事為自己或他人為屬於公司營業範圍內之行為，應對股東會說明其行為之重要內容，並取得其許可。』以上競業禁止規定，除其他法律有特別規定外，其是否涉及公開發行公司，或公司指派董事或經理人擔任其轉投資事業之董事或經理人，要非所問。至於所稱公司營業範圍內之行為或經營同類之業務，係指其所為之行為（業務）屬於章程所載之公司所營事業中為公司實際上進行之事業，並包括公司業已著手準備或只是暫時停止之事業在內。至於具體個案是否有競業情形，允由法院本於權責認定。」

經營事業為判斷基準，較能契合規定旨趣。

又是否「為自己或他人」是以行為的結果其損益歸屬何人為準，即為何人計算而為，行為而生的經濟上的損益歸屬於董事自己或他人即是。競業行為之禁止目的在解決公司經濟利益實質受害問題，則縱非董事親為，而依董事指令支配的公司所從事競爭行為，也應受到本條文之規範。至於董事單純就任同種營業他公司的董事、經理人或其他業務執行人時，還不是本條文規範的對象；但在同業他公司一旦以董事、經理人或其他業務執行人之地位參與競爭行為時，就受規範。

競爭行為必須取得股東會的許可方可為之，依條文意旨許可必須事先取得，事後的承認或追認是無效，如此解釋才適當，也是通說見解[5]。取得股東會許可時，應對股東會說明其行為之重要內容，「重要內容」係指股東會為許可與否表決判斷之時，所需要的足夠內容。再者，理論上應就各個競爭行為各別取得許可；但實務上，認為如董事就任競爭他公司董事或董事長時，將他公司事業種類、規模及經營範圍等重要事項適時揭示說明，而事先取得股東會許可者，則就往後各個具體競爭行為即無須再逐一取得許可，也就是事先包括性的許可也可行，是時下實務的作法。但是，這種作法是否無瑕疵、完全合法，似應深加探討。當然股東會「事後」、「概括性」的追認是不可行！

沒有取得股東會的許可所為之競爭行為[6]，行為仍屬有效，且公司不是行為當事人無權利主張無效，縱要主張，其利益也不存在。不管行為相

---

[5]　王文宇，公司法論，元照出版社，95年3版，第326-327頁。

[6]　經濟部71.8.27商31182號：「查公司法第209條第1項規定，董事為自己或他人為屬於公司營業範圍內之行為，應對股東會說明其行為之重要內容並取得其許可。同條第3項並規定，董事違反第一項之規定，得行使歸入權，據此，董事兼任其他公司董事法律上並不禁止，倘為自己或他人為屬於公司營業範圍內之行為時雖未取得股東會之許可，依照公司法第209條第3項（筆者按：現行法為第5項）規定其行為並非無效，是以公司申請登記時自毋須檢附股東會同意之決議錄。」

對人對於該行為有無違反競業禁止、是否知情，行為都是有效，蓋上開義務違反規定存在於董事與公司間，不會牽涉到競爭行為本身與對方。

發生競業禁止義務違反，董事對公司因而所受的損害應負賠償責任，此時公司的損害應是如不發生競業禁止義務違反時，可獲得的利益，即應得利益及逸失利益，但是此損害金額的算定舉證非常困難，何況還有更重要的理由是被奪走的商機亦應取回，才能充分達到確保公司利益之目的。基於此，公司法規定，股東會得以決議將該行為之所得視為公司所得，即歸入權授與制度。

公司行使歸入權僅生「所得」歸屬的結果，並非由公司直接取代董事成為該行為之當事人，公司與行為的相對人依然無任何法律關係存在，僅於董事於行為結果取得財產利益，公司可以請求交付；反之，董事對相對人負擔的義務或支出費用等，公司應對董事負補償義務。簡言之，董事應負就競爭行為所生結果歸屬公司之義務而已[7]。

所謂該行為之「所得」視為公司「所得」究何所指？通說指因行為單純所得利益[8]。公司請求交付利益時，要否證明董事所得的利益額？若是，損害額的算定本來就難，然而對方所得利益額的算定難度更高，因為憑以計算之損益資料非公司所持有。故競業禁止義務違反制度授與公司歸入權，避免公司損害額算定證明之困難，功效不可忽視，但更重要的意義在保護公司商機不被奪取。是則，歸入權行使的效力，使該行為的結果歸屬公司，如此才能畢竟其功。附加敘明，歸入權之行使僅限於對該行為董事之所得，無法及於他人之所得。

---

[7] 歸入權終極意義也不過是競業交易的結果，公司可主張歸屬公司之義務發生而已，若是如此，則與損害額推定制度效果上沒什麼不同，據此理由日本新会社法削除了歸入權的規定，以損害額推定規定取代之。

[8] 不同見解，認為應採對價說者參照林國全，董事競業禁止規範之研究，月旦法學雜誌，97年第159期，第231-232頁。

競業禁止義務違反時，公司可依損害賠償及歸入權中擇一行使權利，歸入權行使期間一年，逾期後雖不得再主張歸入權，但其損害賠償請求權不受影響；歸入權行使後，殘存損害仍可請求賠償。競業行為縱使取得股東會許可，如該行為之結果使公司受有損害，公司依然可以請求損害賠償。又競業禁止義務違反是構成董事解任的正當理由之一。

第四節　利益相反行為

董事受讓公司產品或其他財產，或將產品或其他財產轉讓給公司，或者與公司成立借貸關係等，屬於董事利用其地位，犧牲公司利益而圖謀自己或他人之利益的危險性極高的利益相反行為。因此，公司法明文規定，董事為自己或他人與公司為買賣、借貸或其他法律行為時，由監察人為公司之代表（公司法第223條），用以保護公司利益免受侵害，又這種交易行為，董事很可能代理或代表公司與董事自己或代理、代表第三人交易，即成為自己代理、代表或雙方代理。代表為法所禁止（民法第106條），是無效行為。為避免這種違法行為發生，也有必要做此措施規定。上節競業禁止義務是董事為競業行為，而間接的使公司受到經濟上損害之場合，與此之利益相反行為是不同類型，蓋此時公司是交易行為當事人之一，另一方是董事，此為利益相反的構造（自始即為董事有利而公司不利之為自己或他人有利之局面）。

董事為自己或他人（董事以自己名義或他人之代理、代表）與公司為買賣行為（例如董事將自己所有不動產賣給公司），謂之直接交易行為，固為本條文規範對象。如公司與董事以外第三人間為有利於董事之交易行為（例如公司為保證董事的債務，公司與董事的債權人間訂立保證契約之行為），此謂之間接交易行為，也是本文規範對象，有利益相反現象發生。理論上，如沒有利益相反當無須適用，但實際是否利益相反，應就個

別、具體行為的內容加以研判後，始能知之。多數情形是事後始能判斷，事後判斷是結果論，只能以損害賠償處理。本法採事先防範不讓損害發生之立法目的。因此，舉凡董事與公司間有買賣、借貸或其他法律行為，不管實際上有否利益相反，均一律由監察人為公司代表。

　　實則董事與公司為上開行為，就存在一般性、抽象性的利益相反關係。例如買賣契約，以一般性、抽象性的觀點，賣主得利就是買主受損，買主占便宜就是賣主吃虧。因此如就個別具體交易內容觀察，公司倘能從董事處取得比市價便宜者，該買賣行為對公司來說，即不可謂為利益相反的行為，因此，是否為利益相反行為，就必須以監察人為公司代表，交由監察機關之監察人負責判斷，公司法第223條乃做此規定。

　　在監察人責任下，個別具體內容對公司是否形成利益相反，即對公司有利者放行，不利公司者拒絕代表，或變更修正後再為代表。不然，放任董事長為代表處理公司與董事間之交易行為，因董事長與董事為同事，對利益相反行為容易發生寬容庇護；由監察人為公司代表，一則可以預防此弊端，二則可收監察人監督之實效。蓋由監察人代表，則對該利益相反行為是否代表行之，監察人必基於自己責任對個別具體內容，事先積極詳加判斷，監察人為代表之效用在此。

　　不過「由監察人為公司之代表」之條文規定有個疑義不明問題，因公司利益相反交易行為之對外代表，雖交由監察人代表，但該利益相反交易行為內容之決定權，是否也一併移交監察人。按利益相反行為本質屬於業務執行，為董事會之專有權限，代表機關董事長並無此權限，上開本規定屬代表機關變更規定，不涉及業務執行權問題；況且，監察人專司監察、監督職責，不要求具備其經營專才，如就上開行為一併委予業務執行顯然過苛，也難勝任，故應以監察人僅負對外代表權，如此解釋比較妥當，但我國實務採監察人有決定權（最高法院100年第3次民事庭會議）。

利益相反行為規定（公司法第223條），違反時之效力如何？即公司如不遵守上開規定，未將該類行為之公司代表人改由監察人擔任，仍然以董事長代表之，該行為董事長無代表權，應類推適用無權代理制度處理，惟善意第三人可主張表見代表類推表現代理，獲得保護之無權代理說，以及，公司及董事間是無法交易行為，但不可對抗善意第三人，善意第三人可主張行為有效之相對無效說對立。

對利益相反行為應取得董事會許可，如同競業禁止行為應取得股東會許可始可行之之立法例居多[9]，與我國公司法所採制度相比，何者較為妥善週全，值得深入探討研究。

第五節　董事的報酬

董事與公司間是委任關係，原則上是無償契約，與同樣提供服務型之僱用、承攬契約不同，且不以報酬為契約成立要件。但當事人間約定給付報酬的委任契約也無妨，實際上公司以締結對董事支付報酬特約者不少。按民法上的委任契約原則雖為無償，但可特約改為有償，董事委任用契約是委任，也不外於民法為原則無償，特別為有償。況且董事已是專業專才之職，責任繁重，無償也與現實不合。問題在於報酬有無以及金額多寡的決定權應歸屬於公司那一機關。多數說認為，報酬有無、金額多少是任用契約內容之一部分，而任用契約性質是業務執行權，業務執行機關為董事會。以該說立場，董事會自我決定董事報酬，就會擴大決定危險性。

公司法196條規定董事報酬決定權歸於股東會，是為防止董事自肥之

9　參照日本会社法第356條、365條之規定。

政策立法，用以保護公司，此立場稱爲政策說[10]。但是，公司業務執行機關成員之董事選任，不同於公司員工的僱用，可否以之同視爲業務執行事項，大有疑問，且董事報酬之決定爲董事選任之附隨事項，則董事選任權既在股東會，報酬決定權也應附隨選任權，同屬於股東會。如採此見解，則公司法196條是當然事理之規定，稱爲本質說。同時該條規定更應擴大解釋，應嚴格禁止股東會將該決定權授權給下屬機關，如董事會、董事長或特殊股東代爲決定。由股東會決定，必然具有防止董事自肥作用，但那只是單純的附隨性作用，絕非法規的主要目的，由此觀來，防止董事自肥之政策說的說法，比較淺薄，殊難獲得贊同。

　　董事之報酬，未經章程訂明者，應由股東會議定；由章程明訂者，遇有變更須經章程變更手續，由股東之特別決議爲之，條件嚴格且欠缺因應彈性，故事實上採用股東會議定者居多。報酬決定內容，金額確定時以其金額；金額不確定時，以其具體的算定方法，又如有金錢以外的報酬，其具體內容與數量均必須予以決定。

　　通說與實務均認爲董事報酬的決定，不必對各個董事的個別報酬額做具體的決定（當然做如此決定，並非不可），就全體董事報酬總合最高限度額有所決定即足。至於各個董事之具體報酬，再委由董事會決定。這種見解，源自將公司法196條定性爲防止董事自肥之規定之故，只要全體董事報酬總額最高限度額設定，即可達到防止自肥目的。然承前所述，通說見解殊難贊同。此外，對總額之最高限度額有所決定即足之見解，依下述諸理由，也令人難以認同。

　　1.股東會就各個董事個別選任，依前開選任與報酬之關係說明，每位董事的報酬也應個別處理才是；2.時下一再強調董事獨立性，要求其等對業務執行充分發揮督導、監視職責，將各個董事之具體報酬額，交由股東

---

[10] 柯芳枝，公司法論（下），三民書局，102年修訂9版，第15-16頁。

會決定，較能保障董事之獨立性要求，如將之交由董事會決定，若能於董事全體參與以及公開公平決定下，或較無問題，但客觀公平之標準難以確立，因而決定權往往落入權力中樞的少數人手中，決定權就是絕對權，權力愈加強化集中，眾人唯命是從，董事之獨立性，危如風前燈火，確保不易；3. 董事是業務執行機關構成員，擔當公司經管，其所得之報酬已異於一般員工報酬，是對股東所應揭示對象之一，藉由各個董事報酬之公開，股東始能據以判斷，且較能達成要求董事勇於任事及合於權責衡平要求，反之，如交由董事會決定，如密室作業，股東難以獲知。

董事報酬無論由章程明訂、股東會決議，或是通說主張由股東會決議委由董事會決定，都應基於該決定之內容，由董事長代表公司與被選任之董事訂定約定報酬的任用契約，董事的具體報酬請求權就確立。一旦確立報酬請求權，在任用期間，公司即使經由股東會決議或董事會決議，亦不可單方面將董事報酬減薪或無償化，這與一般契約沒有差別。

最富有爭議的問題是董事分為董事長、常務董事與一般董事之別，如董事升任常務董事或董事長改為一般董事時，如以職位變動為理由，公司將董事的報酬作升減調整，是否可行？理論上，董事是業務執行機關的構成員，參與業務執行並對其監督，它是董事應盡的職責，這個職責對各個董事都是等量，即使董事長或常務董事也沒增減。或論董事長代表公司行使代表權，處理事務較其他董事為多，相應的應獲得較多的報酬。但是，董事長是以代表權行使方法執行代表行為，其他董事則以對代表行為行監督、監視，在權責相符原則下，董事長應特別優待的理由似不存在。論者又謂至少常務董事開會次數比董事多，多做多得是不容置疑的道理，但董事的業務有別於一般員工，是依職責分量而非以勞力時間計算。

實務上，公司通常對董事長、常務董事與一般董事設有差別報酬，運作結果未有問題發生。公司如事先經股東會或董事會決議，對職位級別之不同之董事設定不同報酬，該內容於董事任用契約締結時，已成任用契約

內容之一部分，該董事職位如生變動，報酬亦應依此調整，且視同事先同意，不屬公司單方面變更情形。

　　董事除報酬之外，從公司獲取其他財產上的給付，如兼職之薪資、退職金、獎金等，是否亦應適用公司法第196條規定，以章程明訂或股東會議決議方可受領。因條文僅規定報酬，未提及其他給付，條文為例示抑或列舉規定，引發爭論。

　　如就通說與實務認為公司法第196條是為防止董事自肥之政策規定，則董事受領公司其他給付，仍有自肥之慮，應一律適用該規定，即例示規定，至少也要類推適用，以資保護公司。反之，認條文僅提及報酬，此乃基於前述董事報酬與任用契約之特殊關係，才會如此規定，報酬之外的給付應另當別論。基此見解，則董事受領其他給付，應先審究給付之性質是否與報酬性質相同或相似，方能為適用或類推適用之論斷。因此，即應就各種給付性質分析，以下舉重要之數種給付情形論之：

一、兼職薪資

　　董事兼任經理、部長、所長或行長，乃常有之事。此時董事兼有二種身分：一是公司業務執行機關構成員，另一是業務執行輔助者之身分；一是委任關係，一是僱用關係，二者性質迥異。董事兼職對董事職責分量絲毫不減，多出一份使用人之工作，勞動時間必須多加付出，在董事報酬之外，多領一份使用者薪資，本無可厚非；但是，這份薪資多寡，因由董事會或董事長來決定，自肥危險性極高，通說主張應適用上開條文規定。但是使用人薪資之決定屬僱用契約內容，純粹為業務執行問題，屬於董事會專權，董事會決定或授權董事長決定，與董事任用無關，當然亦不涉及股東會決議之問題。是以將該兼職薪資與董事報酬分開處理，並把公司內部員工（使用人）薪資制度加以健全化，即可解決董事兼職自肥問題。

二、董事獎金

公司經營者董事與員工同心協力，使公司業績提昇，獲利增加；依公司法規定得對員工分配紅利（舊公司法第235條），俾資獎勵。條文所稱員工，不包括董、監事，為一般解釋，即董監事無從依此分派獲得獎勵。但對業績有貢獻之董事發放獎金以資獎勵回饋，合乎常情，為之應無不可。按獎金獨立於委任關係之外，與任用契約不相干，性質與報酬迥異，是贈與的一種，既是贈與又是業務執行問題，即專屬於董事會權限，應由董事會自行決定或授權董事長決定，但同樣自肥危險性極高，通說當然也主張應歸屬股東會決議。但格於性質不同，殊難貿然採之。此時董事的自肥何以防範？董事會或董事長決定對董事發放獎金，因董事長代表公司與董事訂立贈與契約，構成公司法第223條利益相反行為，故此法律行為應由監察人代表為之，藉由監察人之參與，期待其監督、監察權限實際發揮，自肥問題得以防止。

三、董事退休金或退休慰問金之問題

董事之退休金或退休慰問金，於實務上及公司內部規定，普遍行之已久。退休金或退休慰問金該如何處置，同樣須對其性質正確把握，始能準確判定。如認此種給付屬董事在職中執行職務之對價，只是延後給付，其報酬性質不變，稱之事後給付之報酬。反之，委任契約或任用契約上的報酬（對價）於在職期間已給付完畢，退職後沒有執行職務之對應報酬，當然不必給付，如仍然要給付時，即為單純的贈與，決定權在董事會，不受公司法第196條規定之拘束。本文以為退休金或退休慰問金是對董事在職中提供勞務的回報，與在職有密切關係；若然，則應解釋為事後給付之報酬，為公司法第196條所指報酬之一，自應適用公司法第196條規定，或至少也應類推適用此規定。實務上對於退休金之發放、金額、給付日期與支付方法等，股東會無條件授權董事會決定的作法，極為少數，大部分是依董事在職之業績、年資、擔任職務與貢獻度等，制定出一定基準，由股東

會決議委任董事會根據該基準決定退休金。

　　最後的問題，公司法第196條規定董事報酬之決定，不得事後追認。依前開說明，未經章程明訂或股東會議定，如董事長逕行支付董事報酬，董事長為無權代表，適用無權代理，但可經由公司事後追認成為有效。但公司法第196條既規定不得事後追認，足見蓄意排除經事後追認而為有效，故對公司不生效力。否則董事長如逕行發放董事報酬，再於年度決算時計入公司費用，經股東常會承認，可視為董事報酬之追認（公司法第230條），如此就可輕易架空公司法第196條之規定，使其成為具文，董事長如此逕行妄為，當然構對公司之損害賠償責任，無可置疑。

第五章

董事的責任

第一節　總說

　　責任之分類如道德責任、社會責任、政治責任、經營責任、民事責任、刑事責任、行政責任、侵權行為責任、債務不履行的責任、有限責任、無限責任等等，不勝枚舉。眾多責任中，與企業經營有關之責任，也不在少數，社會責任、經營責任、民事責任、刑事責任、行政責任等均屬之；其中可分為法律上責任及非法律上責任，例如廢水排放汙染問題，企業與現場責任者會有某種責任發生，但不一定當然直接發生企業經營者的法律上責任，因為公害汙染事件之因果關係相當複雜，舉證困難，企業經營者責任，因而可被逃避掉。但是，廢水排放汙染事實明確，則經營者殊難全脫責任，亦無法見容於社會（包括股東及一般投資者）。這情形正如政治家負起政治責任辭職相同，經營者也有其該負之經營責任，引咎辭職，但此種責任與觸犯法律引發的法律責任有別。

　　時下企業社會責任論，備受社會矚目。但是，企業社會責任的意義及內涵如何界定，各持己見，短期內難期統一議論。例如，有謂企業社會責任是為社會創造更大利益之古典學說；持相反看法者，則認為企業追求利益為目的的時代已過，超越利益的目的，追求社會與經濟的調和與平衡發展，建構良好人倫、環境之維護，不侷限於經濟，應擴大至社會倫理層面之說，也有之。按企業存在社會的意義與機制，隨著資本主義的發展而變遷，近來更受社會主義思想之影響，爭論尤多，難以掌握，對企業社會責任之理解，隨之搖擺不定。的確在現在的經濟社會，企業活動對社會的影響甚鉅且廣，無論是正面或負面，企業都是社會上存在的巨人或霸主，如此之企業對於社會事務，無法脫身自清下，輿論順勢興起企業社會責任論，可謂是歷史潮流所趨。問題是法律要如何將其責任具體法規化，綜觀各國立法，有關企業社會責任之規定，或以特別法或以單行法規定，如公害法、企業環境法等，但始終未見有一般法之規定，原因是確實不容易規定。例如一般私法的公司法領域，企業對社會應負責任之認知，雖已普遍

滲透，但企業責任具體內容未定之前，法規化困難；縱勉予法規化，其立
法目的也必定渾沌甚或落空。公司法將抽象性的企業責任立法導入，課以
董事實現義務，然董事本來對公司既負有忠實義務，若同時又課以其應履
行社會責任，此二者具有矛盾對立性質之義務，董事何取何捨，何去何
從，將困惑而無解。根植於私法領域之公司法，其規範對象之公司，更標
榜著追求利益為其唯一目的，則其抗拒社會義務似係本質性問題。除非將
公司法從私法移入社會法領域，再重新冠上社會責任方是可行之途，熱心
倡導廢除公司法兼立企業法，或公司法外另立企業法，這種立場倡導者之
動機，隱含此種企圖是事實。

第二節　董事的法的責任

　　企業型態種類甚多，隨其種類不同，經營者法的責任也無法歸一，一
般企業經營者的法律責任，法律並無特別規定，固亦適用債務不履行責任
以及侵權行為責任之民法一般規定。但是對股份有限公司之經營者即董事
責任之規定則特別詳細又嚴格，除於公司法第23條規定彼等之一般責任，
適用於各種形態公司之負責人責任外，諸如第193條不當決議，違反股份
禁止收回，收買或收質違反責任（第167條第5項）、股東名簿備置責任
（第169條第3項）、股東會議事錄之作成與保存責任（第183條）、競業
禁止（第209條）、章程簿冊之備置責任（第210條）、虧損之報告及破產
之聲請責任（第211條）等個別責任，散見公司法各處，不勝枚舉。股份
有限公司之董事身居公司經營中樞，董事的行為，對公司、股東及其他利
害關係人影響之大，不言而喻，為防止董事之不法及怠慢，公司法課以董
事嚴格責任，同時將其責任型態明確化，俾資規範能落實收效，固屬正當
之作為。

　　董事的責任分為對公司之責任及對第三人之責任二種，責任之種種與

通常民事責任相比，異質性色彩甚濃，是值得從事研究領域之一。附加聲明董事之法責任，具體有民事責任、刑事責任以及行政責任，本文僅論及民事責任。

　　董事對公司責任：是董事在執行職務上，因任務懈怠致使公司受有損害，而發生之賠償責任。董事的責任制度，是建置以回復公司損害為目的（損害填補機能），抑或是以防止董事任務懈怠之手段（抑止機能）之制度，有不同立場的主張。學說向來傾向前者，此或因沿襲民法損害賠償之故，實則過度強調前者，董事責任負擔過重，會讓有意願出任董事之人才卻步不前，造成董事人才尋覓不易、養成困難等現象，近來已逐漸傾向後者之趨勢。實務上具體措施，如上市公司惟恐董事擔憂負擔巨額賠償責任，對業務執行畏縮不前，是公司也是社會的損失，創出了董事責任保險制度以及導入經營判斷法則，董事責任之全部或一部之免除制度等，減輕董事責任負擔。

　　董事對公司責任追究方法，通常由監察人起訴求償，輔以股東監督糾正權，股東代表訴訟制度也可行[1]。但在我國股東代表訴訟之利用，微乎其微，制度機制閒置不用，應深加檢討將制度改善（造），使其積極發揮效用，是當前重要課題。再者，閉鎖型公司或小公司，董事和控制股東通常是一體，董事對公司利益有侵害時，經由少數股東為公司奮起追究責任是可行的，但公司控制權若沒有變動，董事之侵害行為反覆發生，無法或及時解決可能性甚高。有鑑於此，論者主張董事對公司之侵害行為，其損害賠償請求權歸屬於少數股東之考量，似有其必要[2]。

---

[1]　日本董事責任追究案件，常常大案件最近就有オリンポス公司向經營者董事訴求鉅額損害賠償案，此案還在繫訟中。股東代表訴訟最受注目的是ダスキン公司因肉包商品混用未認可添加物販賣，對二位執行董事因違法行為，對其他十一位董事因監視義務違反，判決命令賠償5億多日圓。又年初發生的東芝公司假帳案，代表訴訟之提起已著手中，預料將是天文數字的賠償金額請求。無論是公司自行訴訟或股東代表訴訟，日本已日益頻繁發生，對董事濫權、怠職行為之遏止效用，已發揮盡致。

[2]　江頭憲治郎，株式會社法，有斐閣出版，第421頁參照。

　　董事對第三人之責任：是董事在職務執行上，因故意或重大過失之任務懈怠，致使第三人受有損害時，董事對第三人與公司負連帶賠償責任（公司法第23條第2項）。中小企業之破產，債權人等對經營者追究責任時，該規定是最好用、最有效之法寶，詳論容下述之。

　　此責任原因通常是一般任務懈怠，董事任務懈怠是基於與公司之委任關係，業務執行時違反善良管理人注意義務、忠實義務。董事如因任務懈怠致使公司受損害，因果關係即存在，即使任務懈怠非出自過失亦同，因為不以過失為責任要件。又公司法第193條第1項規定，董事執行業務應遵守法令，此處所指之法令，並非僅限於保護公司、股東為目的之具體法規（公司法及其特別法等），保護公益為目的之法規（刑法、公平交易法等）也包括之，違反此等法令均是責任發生原因。

　　董事因不作為而構成違反善良管理人注意義務之任務懈怠，在公司法制導入董事會制度後，成為董事責任發生之重要部分。如前所述，在董事會制度下，董事對於其他董事、使用人負有監督義務，不為監督或監督不周，均會構成任務懈怠責任[3]。

　　對於損害賠償金額，以董事的行為（不作為）而造成公司損害額為限，固然董事的行為對公司造成損害，但也可能同時致使公司獲利，原則上可主張損益相抵（民法第216條之1）。對董事之違法行為，公司也有過失時，當然有「過失相抵」原則適用（民法第217條第1項）。又其他董事也有過失時，此董事於被追究時，可否將其他董事之過失視為公司之過失，主張「過失相抵」，確有爭議。惟就所有與經營明確分離之上市公司

---

[3]　董事對自己業務執行權限外之事項，發現對公司有重大損失之虞之事實時，董事應如何行動，方為履行了監督義務。首先應採行的正當方法，是在董事會發言，提出討論，並向監察人報告。如此措置無法做到制止效果時，次善的作法是委任律師，將事實公布，或者辭職等作為，或許可被認為已盡監督義務而獲免責。參照山田純子「取締役の監督義務」，龍田節先生還曆記念，1997年，有斐閣出版，第230頁。

應認為不能適用；反之，董事與股東間密切關係之閉鎖型公司應有適用餘地。

公司法於101年1月4日增訂第23條第3項：「公司負責人對於違反第1項之規定，為自己或他人為該行為時，股東會得以決議，將該行為之所得視為公司之所得，但自所得產生後逾一年者不在此限。」本項之法律性質為何？如何適用，確有釐清必要。

查修改前公司法第23條「負責人忠實義務之違反」僅須負擔損害賠償責任，並無同法第209條「股東得行使歸入權」之類似規定，導致公司負責人動輒中飽私囊並逕為脫產，而股東無從對其不當獲利主張歸入，顯有不當，是本項立法提案理由[4]。

一、歸入權說

承上立法趣旨，即前述董事違反競業禁止時，其效果是以「歸入權」行使處理，則同為忠實義務違反之規定，依等同等之法理為相同處理之思路，因而認本項屬歸入權之規定者眾。

二、利益吐還說

負有忠實義務者，絕不能利用因其地位獲悉之資訊、機會等，而為自己謀利，一旦違反此義務，所得之利益將被視為公司所有，而必須吐還於公司。如此防止機能之規定，是英美法上忠實義務違反之主流見解，據此理由強調本項是「利益吐還」規定之有力學說有之[5]。

---

[4]　立法院公報（2011年），第100卷第49期，第401頁。
[5]　曾宛如，公司法制基礎理論之再建構，2012年11月2版，第239頁以下。

從本項是爲避免公司負責人動輒中飽私囊並逕爲脫產而爲防止機制
之立法目的觀之，歸入權說與利益吐還說兩者效力應是同等，難分軒輊。
以立法之法理根據來說，利益吐還說是將忠實義務建構在高於一般委任關
係之信任關係上，故違反時，除了委任關係之損害賠償之外，應有較高性
質的效果，此即「利益吐還」之效力（按：委任關係與信託關係雖建構於
當事人間之信賴基礎，但英美法之信託關係被視爲受託人得就信託財產爲
法律行爲，故後者被要求之信任及其違反時之效果，被要求較高處理應可
理解）。此說具有甚多的實益，忠實義務違反，縱使公司未有損害，只要
董事因此獲有利益，即得將其利益返還予公司；公司之損害可能難以確切
計算，無法或有高度舉證困難時，可將董事所得利益推定爲公司之損害。
歸入權說之立場，對於依據什麼法理取得歸入權（如競業禁止違反之歸入
權，係將董事之違反營業視爲公司營業之結果），殊難說明圓滿。再細查
第23條第1項之義務違反，出自於董事之業務執行上，董事既爲公司之業
務執行行爲，該行爲即是公司之行爲，所得本該歸屬公司所有或依民法第
54條主張交付於公司，何須借助「歸入權」，顯然該「歸入權」之規定無
實質意義與價值。本項只能解爲延續英美法上忠實義務違反之「利益吐
還」效力規定而來，即將上述法理具體明確規定而已。如此觀之，該項
「股東會決議」及「一年除斥期間」之規定，顯有欠妥當，似應修正刪除
爲是。

第三節　董事對公司的責任

一、一般責任

董事基於與公司間之委任契約或準委任契約，董事應忠實執行業務並
盡善良管理人之注意義務，如有違反致公司受有損害者，應負損害賠償責
任，公司法第23條第1項規定甚明。該項責任是任務懈怠責任，又是過失

責任。即任務懈怠是出於惡意或過失，責任才會發生。且此董事之任務不限於各個具體義務，舉凡公司委任之法律行爲以及法律行爲以外之事務委任，均包括在內，範圍極爲廣泛。董事對公司法定及意定之一切職務全屬之。

現行股份有限公司之董事，已非公司機關，僅是業務執行機關董事會之構成員，除非另有個別委任外，其法定任務，唯有出席董事會行使表決權參與業務執行之決議，董事無權也無義務，獨自爲業務執行之實行；因此對公司因業務執行所受損害結果，因無義務、無行爲，當然就無責任。但公司法明定董事會之決議，致公司受損害時，參與決議之董事，對於公司負賠償之責（公司法第193條第2項），此爲董事參與決議之任務懈怠責任之具體規定。

如前所述，業務執行權之董事會，受限於會議體之組織性質，只能用開會以決議方式，對業務執行作決定，決定後之業務執行必須委外實行，實行之受任者依董事會決議內容，善意且忠實實行，縱業務執行結果失敗，致公司受損，實行者因無失誤，無責可歸，即發生失敗之原因是源自於決定，參與決定或決策者之責任就會發生，是公司法第193條乃此理之當然規定。要求董事執行決議任務時，應本著忠實義務以及善良管理人注意義務，作出正當且正確之決定，否則責任發生。又此條項是行爲責任化之規定，是表示異議之董事，即非決定者，在有明確證明下，當然免責。又對於董事參與業務執行決定之責任追究，主張應導入美國法經營判斷法理，以減輕董事責任之主張，對此問題前述甚詳，不再贅述。

董事會決定雖正確無誤，但業務執行之實行有過失或錯誤，致使公司受損，董事有沒有責任。如前所論，公司之業務執行是董事會之權限，也是義務，業務執行之決定及實行，董事會應全程負責，基於董事會無法親自實行，僅能對外委任，委任者董事會對於受任者是否正當正確實行，負有監視義務，但董事會也依然無法親自監督，而能實際從事監視者，是董

事會構成員之各個董事自然人，監視義務即落在各董事身上，故對於業務執行之實行的監視任務，董事若有懈怠，仍然會有責任發生，此任務懈怠之責任包含作為或不作為。

二、個別之責任（個別具體規定責任）

董事應負之個別責任緣自特別規定而發生，項目繁多，無法一一加以說明，僅舉重要數項論述之：

(一)公司貸款行為之責任

公司資金除有特別規定之情形外，不得貸與股東或任何他人（公司法第15條第1項）。蓋公司之資金貸出後，除無積極利益外，迫使公司承受資金回收困難之高風險，因此公司法此嚴禁規定，縱董事會或股東會許可，也不容許。此時，董事違反規定，應與借用人負連帶返還責任，如公司受有損害者，亦應由其負損害賠償責任（公司法第15條第2項）。此處董事所負連帶返還責任；至於對公司之損害賠償責任，則是過失責任，為通說見解[6]。貸款行為是業務執行之一，屬於董事會權限，此時董事之責任是出自於董事之不當決議參與，或對貸款應為阻止而不為之監督責任懈怠責任。

(二)違法分派股利之責任

公司法第232條第1項及第2項分別規定：「公司非彌補虧損及依本法規定提出法定盈餘公積後，不得分派股息及紅利；公司無盈餘時，不得分派股息及紅利。」公司無盈餘而強行分派股息及紅利，其財源必出自公司資本，形成公司將資本發還股東，使公司資本空虛，為股份有限公司最禁忌事項之一，必須嚴格禁絕。又公司有盈餘也不能馬上分派，必須優先

6　柯芳枝，公司法論（上），三民書局，101年修訂8版，第22頁。

彌補虧損，提出法定盈餘公積後，才能分派股息及紅利，此是確保公司資金充實之要求所作規定。違反該規定而為分派效力如何，公司法並未明文規定，僅提及公司之債權人得向股利受領人請求退還公司（公司法第233條）。按無盈餘之違法分派，是股份有限公司特質所不能見容，分派絕對無效，是一致之見解。既是無效，股東所領取之股息及紅利，成為不當得利，公司有請求返還之權利；但是，公司既然存心違法分派，要公司自己回收目的難以實現，為確保公司資金充足，公司法第233條乃明文規定，授與與資本密切關係之公司債權人代位請求權，向股東請求返還公司，恢復資本原狀。

但是，最重要是董事責任的問題，公司法對違法分派之董事課以刑事責任，但其民事責任如何則隻字未提。綜觀諸外國學說或立法，均課以董事應與股東負連帶負責返還，該返還責任又都解為無過失責任。如觀之公司法第148條課以發起人連帶認繳義務規定，其目的不外積極維護資本充足，與前述違法貸款（公司法第15條第1項）相比，一是公司資金放貸，一是公司資本發還，何者對公司更不利，答案很明確，違法貸款之董事要負無過失責任，違法分派股利之董事負同等責任，無可厚非。即從發起人連帶認繳義務之立法目的，並違法貸款與違法分派股利兩制度之平衡考量，違法分派股利之董事課以無過失之連帶返還責任，理所當然。

(三)利益相反行為違反之責任

公司法對利益相反之行為，只規定應將行為之代表人改為監察人（公司法第223條），違反者責任為何別無所提，對此僅能委由解釋處理。利益相反行為由監察人為代表，即是適法行為，可正當為之。監察人代表行為結果致公司受有損害時，監察人有責任之外，參與該行為決定之董事也要負責，此時董事責任是任務懈怠之過失責任，董事舉證無任務懈怠或無故意、過失則可免責（如採我國實務見解，決定權一併移轉監察人，董事既無參與決議，應無責任）。公司之損害發生，並非監察人為代

表所爲之違法利益相反行爲所致，而是無權代表行爲無效，行爲對方之董事負有回復原狀之義務，此義務之履行，如公司還有損失時，該董事應負責賠償予公司，此賠償責任不考量故意、過失之要件，以無過失責任處理之。

(四)競業禁止違反之責任

公司對違反競業禁止之董事，在一年內可選擇行使歸入權或損害賠償請求權，公司證明競業事實，再經股東會決議行使歸入權，將此決議通知董事，歸入權即已行使。如前所述，其效果是將董事競業行爲之效果，歸屬於公司。損害賠償請求權之行使，在侵權行爲時效期間內均可行使，此時董事之賠償責任是無過失責任，公司舉證競業事實及損害額即足。公司之損害是董事如不爲競業時，公司所應得之利益或因競業而逸失之利益，但因損害額之計算及舉證均極爲困難，損害賠償將無法行使，乃將競業行爲董事或他人之所得利益，推定爲公司之損害，以便公司行使該權利，該規定應受肯定。

公司法第209條第5項條文所稱「將該行爲之所得視爲公司之所得」，多數見解解爲「將該行爲之所得利益視爲公司之逸失利益」，與上述所採推定之見解相吻合。切記，該條項是對歸入權之規定，非對損害賠償之規定，不可混同錯亂。公司行使歸入權後殘留之損害，仍然可向違法董事請求賠償[7]。

---

7   同此見解者，參照林國全，董事競業禁止規範之研究，月旦法學雜誌，97年第159期，第229頁。

三、董事責任之免除

(一)責任免除原則

　　民法規定：「債權人向債務人表示免除其債務之意思者，債之關係消滅。」（民法第343條）爲債務免除之制度。債權人單獨行爲（債權人一方的意思表示）即發生法律效果—債務免除、債權消滅—之行爲。債務免除對債務全額或一部分之免除均可。公司法沒有特別規定，適用民法之一般規定，將董事對公司所負擔之責任，全部或部分之免除，理應可行。董事責任之免除，其性質就是民法之債務免除。

　　原則上，公司可對董事免除責任，一旦實際運作，首先遇見問題，免除權限是公司哪個機關所屬，是董事會抑或股東會，必然會有爭論。

　　董事的責任可否免除，免除到何種程度，性質上本來是業務執行之一，是董事會之專屬權限，由董事會決定乃當然之事。另外，本來董事會之業務執行是公司實質所有者股東之受託而來，董事因業務執行而發生對公司之責任，該責任應否免除之判斷，應該是股東會才合乎道理，故應由股東會決定，才是正當。有此二種見解的對立；是董事會決定或股東會決定，各有各的困難點存在。

　　如由董事會決定，董事與董事間是同夥人，相互關照與庇護，乃人之常情，董事責任被輕易放過，董事責任之免除將氾濫橫行，公司法對董事課以嚴格責任之立法目的被掏空或虛無化。如由股東會決定，通常是多數決或特別決議方法決定，這與股東代表訴訟制度發生重大矛盾。爲保護股東權益（經濟上的利益及對董事監督的意義），公司法規定授予股東代表訴訟權（公司法第214條，少數股東權之一），持有已發行股份總數百分之三以上之股東即可行使。股東會多數決可以免除董事責任，則由百分之三以上股東權之代表訴訟方法再行追究責任，股東會的決議被否定空間

微乎其微。以上提及之實際問題，解釋論是措手無策，只能期待立法之處置。

　　細查近時董事責任之案件情況，由於股東權益之抬頭，股東會代表訴訟案件多數被提起，又由於企業規模擴大，被請求賠償之金額鉅大，相當驚人，遠超乎董事之負擔能力。導致董事處事小心翼翼、患得患失，造成經濟活動萎縮。因此，要求改善董事責任制度，經濟界、實務界之呼聲甚高，我們不能裝聾作啞，置之不理。以上理由，為求董事責任制度之更合理、更完整，各國立法例對董事責任之免除，均作明文規定，我國公司法對此問題顯然因疏忽而落後，為促盡早日立法，並供立法參考，將一向是我國公司法立法參考之主要對象──日本法之制度，簡略介紹如下：

(二)日本法上董事責任免除之制度

1.全體股東同意之免除

　　有鑒於上述實際問題之難解，日本会社法（公司法）明文規定，公司非經全體股東同意，不得免除董事之責任（会社法第424條），又規定得以免除之責任，僅限於董事對公司任務懈怠而發生之責任，一般侵權行為責任等排除適用。全體股東同意之「同意」，不限於決議方式取得，個別向股東徵求同意方式亦可。

　　這是日本法從來之規定，但因全體股東同意之要件過於嚴苛，很難適用，特別是大規模公司欲達到成立條件，可能性近乎於零。為求更實際、更合理之制度，近來日本会社法新制定數種制度。

2.股東會特別決議之免除方法

　　上述全體股東同意之外，股東會特別決議可以對董事執行業務是善意且無重大過失之任務懈怠而發生之責任，扣除法定最低責任限度額之後的責任，予以免除，亦即股東會特別決議免除部分責任制度。最低責任限

度額之計算是，以董事一年內從公司受取之報酬以及其他職務執行對價之總額爲一基數，代表董事爲6年份、董事爲4年份、獨立董事爲2年份，並須加上董事就任後行使或讓渡新股預約權（認股權）所獲利數額爲最低責任限度額，不得免責，此最低責任限度額以外之責任，得以股東會特別決議免除。股東會爲決議時，董事須將責任原因事實、損害賠償額與最低責任限度額及其計算之根據、責任免除之理由，以及免除金額向股東會報告（会社法第425條第2項），且向股東會提出責任免除議案前，必須經監察人委員會全體委員之同意（同條第3項）。一部分責任免除決議後，該董事從公司受取退休慰問金等財產上利益，或新股預約權（認股權）行使或讓渡時，必須經股東會承認（同條第5項）。

3. 根據章程規定，董事過半數同意或董事會決議之責任免除──事前責任免除方法

同樣是限於董事對公司任務懈怠而發生之責任，且是善意無重大過失之條件下，衡量責任原因事實內容及免責原因等該董事之職務執行狀況，以及其他情事，認爲有特別必要時，與第425條第1項規定同樣之免除額爲限度，經過半數董事同意或董事會決議，得免除一部分責任，但其內容須規定在章程中。

過半數董事之同意或董事會決議通過免除責任時，公司應將責任原因事實內容、免責原因，以及免責金額公告，並設定股東異議制度，在一定間內，如持有股東表決權總數百分之三以上之股東提出異議時，就不得免除該董事之責任。

4. 以契約對獨立董事責任之免除

公司與獨立董事之間，對獨立董事之職務執行爲善意，且無重大過失時，該獨立董事應負之責任，應事先訂立契約加以免除。可以免除責任額度是章程所定額度範圍，以事先約定額或報酬2年份之較高者爲準，並須規定在章程中。

向股東會提出此章程規定之議案，須經監察人全體或監察委員全體同意，當獨立董事變更身分為執行業務董事或公司使用人等，喪失獨立董事身分時，此契約即失效。獨立董事適用此規定免責時，應將責任原因事實內容、賠償額、責任限度額及其算定根據、責任限定契約內容、契約訂定理由，以及責任免除額等，向股東會提出報告（日本会社法第427條）。這個制度是採事後審查，契約訂定時無須向股東會報告或取得同意。

四、董事責任保險及責任補償制度

在今日繁華的經濟社會，董事是時代的寵兒，獨攬公司經營權，是實權在握的權貴分子，備受現今各界的仰慕，這是一般所看到董事明亮的一面。但是，為求權責相符，法制課以諸多嚴峻的責任，重壓著董事憂心以慮，這是一般所不易察覺的暗惜一面。

對董事可訴追的責任是多麼地多種多樣，諸如董事任務懈怠對公司的責第三人的責任、會計報表不實責任、勞動災害、公害的侵權行為責任，以及市場獨占之違反公平交易法責任等等，不勝枚舉，而且不僅是民事責任而已，行政責任、刑事責任都將被全面性的訴追，層層疊疊、五花八門的責任，均可能加之於董事身上。又企業活動逐漸趨向大規模化，企業內部統制構造也隨之複雜化，制度組織機制不良，弊病頻頻發生，董事的責任動輒即發。

再者，董事對於頻頻發生的責任訴追訴案，訴訟費、律師費等支出，都是董事的巨大負擔。董事為了規避責任以及費用負擔，保守謹慎、退避萎縮的消極態度必然萌生，對業務執行不積極進取，不敢大膽行事，結果將直接或間接造成公司的損失。

鑒於此，外國立法例就有「董事責任免除」以及「董事責任負擔減

輕」之制度規定,以資挽回董事業務執行的積極態度。有關「董事責任免除」制度已如前述,此不再重複。關於「董事責任負擔減輕」則可分為「對董事責任賠償的公司補償」以及「董事賠償責任的公司保險」二種方式,分述如下:

「公司補償」制度是董事基於董事之地位,在其業務執行時,個人所支付有關之民事請求損害賠償等,以及行政調查、刑事追訴等關聯之賠償金與爭訟費用等,由公司給予補償。

有關「董事責任的保險」部分,由於董事責任的多樣性,不分青紅皂白一律投保,在理論上是行不通的。而可投保的責任種類與範圍如何設定?投保決定權是董事會還是股東會?投保費用由公司負擔,是否會構成公司與董事間利益相反交易?等等均是這個制度的熱門爭論問題。

我國公司法在2018年修法增訂第193條之1明文規定,公司得為董事投責任保險,肯認「董事責任的保險」制度伊始,但條文卻僅規定公司為董事投保後,應將其投保金額、承保範圍及保險費率等重要內容,提報董事會之報告義務規定,對於上述各項重要問題沒有作任何規定,因此制度的實際運作以及制度的完善化,則有待法解釋以及學說闡明之努力。

大陸法系的國家一般對「公司補償」制度的立法採消極態度者多,例如代表性的德國的股份法就找不到這個制度的存在。德國是援用民法委任關係之委任事務處理費用請求權規定處理之。我國雖從善如流,於本次修法中引入「董事責任的保險」制度,但對於「公司補償」制度則隻字未提,立法者有意不予採行。

董事的損害賠償等責任如適用民法委任關係規定處理,而委任事務處理費請求權,是事先代墊款的返還性質,是當然事理的規定,而「公司補償」是補償保護政策的規定,兩者性質迴異,無法相提並論,也無法代

替。爲保護董事並激發其行事的積極性，筆者認爲，還是以立法實現「公司補償」制度始爲良策。

五、股東追究董事責任之制度 —— 股東代表訴訟制度

(一)總說

董事對公司之責任，本來被害者（公司）應親自向加害者（董事）追究，最合乎道理；但是，實際與事理有違，蓋公司向董事追究，實際上是公司機關——董事會決議，而董事長負責執行，結果爲董事向董事追究，同事追究同事，實現性低，也是人世間常情。鑒於此，公司法規定，公司與董事間訟訴由監察人代表公司。事實上，如此規定能完全改變情況並不樂觀，蓋監察人地位受控於董事會與董事長之現況下，監察人與董事正面對決，其積極性並不高。爲此公司法祭出預防措施，當監察人也怠於追訴時，各個股東爲維護公司利益之目的，可向董事提起訴訟追究其責任之制度，謂之股東代表訴訟制度（公司法第214條）[8]。另因職業股東等可能利用此種制度，輕易地騷擾公司或董事，進行別具目的之訴訟，而造成嚴重濫訴情形，爲解決此問題，公司法規定訴訟擔保之提供，以期制度能理想運作。

---

[8] 依現行代表訴訟制度之前提下，對於母子公司關係的情況，甚早就被指摘出問題，母公司是子公司之股東，子公司的董事責任，母公司依據股東地位可以追訴；但是，因爲是母子公司關係，產生相互支援庇護的關係，被追究責任的子公司董事與追究責任之母公司的董事監察人，原本就是同僚或親友，對於責任追究必定是消極態度，責任放置不追究，不僅是子公司，連母公司的損害都無法回復，結果導致母公司股東的利益也被損害。現行制度下，母公司是子公司之股東，不追究子公司董事的責任時，母公司的股東可向母公司董事追究，未善盡善良管理人注意義務之責任，而提起代表訴訟。但是，這個責任追究，必須舉證子公司的損害就是母公司的損害，或者兩者損害的因果關係，是很不容易克服的難題。鑒於此，很多先進國家即立法規定，母公司的股東可代位該母公司，對子公司董事提起股東代表訴訟，新創這種特定責任追訴制度，又謂之二重代表訴訟制度（日本会社法第847條の3參照）。

　　爲促使公司會確實對董事的責任追訴追究，在先進立法之國家間還有這些手段被利用：

1. 在美國L.L.C規定，要求公司董事會須有過半數獨立性高之獨立董事組成，公司有弊案發生時，這些獨立董事爲維護公司及一般股東之利益，群起從事調查，並嚴屬追究責任，已成爲慣例。

2. 在英國金融證券規則規定，公司一發覺有弊案發生，公司企業必須自動調查，並向主管機關提告調查報告，主管機關檢證報告或追加調查，再判斷決定措置方法，即採藉據公權力介入之解決方法。

3. 在日本與其他大陸法系之公司法相同，普遍設有聲請法院選派公正、中立之第三人爲「檢查人」介入調查，以審評決定訴追與否。惟該制度之設計，必須由少數股東向法院聲請的法定條件，始能啓動，而通常一般股東的態度消極，躊躇不前，所以實際被利用的比率並不高。2000年代以後，日本社會創造出一種「第三人委員會」制度；當公司弊案發生，公司企業自動自發地選任律師、學者等具公平、中立之專業人士3到5人組成「第三人委員會」，委託其調查，提出調查報告。公司再依據報告內容，進行追究董事責任。但是，這個制度是公司自主自治事項的施行，並非法定制度，無統一規定的內容，所以實施效果參差不齊，評價也褒貶各異。

　　以下介紹幾件，近期在日本發生比較受注目的案件，大眾對「第三人委員會」調查報告的評論：

1. タマホム會社設立的第三人委員會（連絡決算子公司會計處理不當之案件），對於事實追查的積極態度，以及報告內容的說服力，均獲好評，並提及應建構全體關係企業遵守法令體制之必要，更是根本解決問題的方法。

2. 日本交通技術會社（對外國政府高官行賄之案件）之第三人委員會，報告書述明日本企業在國際舞台展開業務時，所遇到的各種問題，但仍堅持行賄是否定性行為的原則，其對公司經營高層涉及該行賄行為甚深等之指摘，盛受肯定。

3. リーソ教育會社（假帳、粉飾會計案件）之第三人委員會的處理，則受到僅止於表面調查，缺乏對事實深入分析的批評。

4. みずほ銀行會社（貸款與反社會勢力之不當交易案件）之第三人委員會，則被指摘僅羅列表面事實、原因分析不足且粗淺不適切、調查時間僅二十日過短等之否定性評價。

(二)股東代表訴訟之提訴權

　　對董事之責任，董事或監察人不追究時，將造成公司直接之損失，最終也致使公司之實質所有人——股東蒙受第二次損失，授與股東代表訴訟提訴權之法理根據即在此。此制度除授與股東對股東權益自衛手段之重要意義外，也是股東對董事之業務執行發揮監督之功能，企業治理的重要機制之一。

　　股東代表訴訟之對象，我國公司法明文規定僅限董事，公司法第23條適用對象之負責人，應全體類推適用之，才能發揮確保股東權益之功能。但是，對於員工之損害賠償責任則無法適用，蓋員工之職務執行是董事監視義務之對象，員工在職務執行發生責任時，董事監督不周之責任或者不追究該員工責任之責任，將是股東代表訴訟之對象。

　　股東代表訴訟所訴追對象之責任範圍，有不包括交易上所產生之債務不履行責任，以公司法所規定之董事責任為限（例如公司法第23條、第

143條、第209條）的限定債務說，與交易上的責任以及公司法上的責任均應包括之全額債務說。的確交易上董事的債務，公司怠於訴追的危險亦高，爲求周全，保護公司及股東權益之立場，以後者爲妥當，此說是現時有力說。但是以公司對交易應有充分裁量權的立場來說，交易上的債務也包括在代表訴訟對象之內，則公司之裁量權（例如交易上的債務履行應給予延期必要之判斷）將過分受限，公司無法彈性靈敏應對，而喪失商機，故以前說爲是。代表訴訟繫屬中，起訴之股東如喪失股東之地位時，即喪失訴訟資格；又股東代表訴訟之管轄是專屬於公司所在地之地方法院。

(三)代表訴訟之提起

股東代表訴訟之手續，基本上是依據公司法第214條規定，由繼續六個月以上，持有已發行股份總數百分之一以上之股東（數位股東持股之總和亦可），得以書面請求監察人爲公司對董事提起訴訟。此書面內容應如何記載，法無明文規定，應以請求事由、被告董事責任發生之事實，以及責任內容等記載明確之內容爲宜。如果股東係單純爲個人利益或意圖加害公司，而爲之請求，監察人可提示理由爲拒絕或退回之處理。

監察人自股東請求日起，三十日內不提起訴訟時，請求之股東，得爲公司提起訴訟（一般監察人不爲起訴時，會將其理由通知股東，可供股東判斷應否提起代表訴訟之參考；但是，未通知並不構成義務之違反，亦不構成代表訴訟提起之要件）。

如遇有不立即起訴，損害無法回復之緊急事件，在外國法例（如日本會社法第847條第3項）有容許股東不經請求手續而可迅即提起代表訴訟，基於確保公司利益，我國亦應作如此規定爲妥。

股東代表訴訟之提起，應即刻通知公司，公司接到訴訟告知時，同樣應立刻將代表訴訟提起之事公告（公開發行公司）或通知股東，以資確

保公司或其他股東對該代表訴訟，能有訴訟參加之機會。蓋提起訴訟之股東或公司往後會不會依法正當的進行訴訟，無法保證，有必要容許訴訟參加，以防止不適當的訴訟，公司因而受損。

提起民事訴訟必須繳納訴訟費用，其費用是依照訴訟標的之金額計算，由於一般股東代表訴訟請求金額相當高，訴訟費用隨之相應而龐大，對提起代表訴訟之股東負擔沉重，因繳納不起而無奈作罷。股東代表訴訟對提起之股東而言，是徒勞而無所獲之事，本來就興致不高，加上訴訟費用負擔，導致利用者寥寥無幾。欲解決此問題，日本法深值仿效[9]。

本次修改（2018年）將公司法第214條第1項修改為「繼續六個月以上，持有已發行股份總數百分之一以上之股東，得以書面請求監察人為公司對董事提起訴訟」。持股期間原規定一年改為六個月，持股數從百分之三改為百分之一，降低股東門檻要求，有利代表訴訟制度利用之容易度。

同時，又增訂第3項以及第4項，「股東提起前項訴訟，其裁判費超過新臺幣六十萬元部分暫免徵收」，「第二項訴訟，法院得依聲請為原告選任律師為訴訟代理人」，資以減輕股東提起訴訟的負擔。新法對於股東代表訴訟提起要件降低，已與外國立法例同水準，值得肯定。但對於裁判費負擔規定以不超過六十萬元為上限，如此修改所依法理為何，殊難說明，令人有不倫不類之感，留下幾分遺憾。又即使股東代表訴訟獲得勝訴，賠償金額全數支付給公司，代表訴訟之股東分文不得獲取；鑑於此，日本法規定，股東代表訴訟係非財產請求訴訟（会社法第847條第6項），訴訟費用以非財產訴訟方式徵收，每案不計標的物金額多寡，一律以13,000圓（日幣）收費（日本民事訴訟費用等相關法律第4條第1項及第2項），此

---

[9] 為使股東代表訴訟更便利，日本会社法如下所述訴訟費用的低額一律化之規定外，為使股東容易獲得訴訟所需資料，又特別規定，對公司以及子公司董事會記錄閱覽權（会社法371條第2、3項）、會計帳冊閱覽權（同法第433條），以及檢查役選任請求權（会社法第358條）等立法規定，均值得參考。

亦可供我國仿效之立法例。

　　由於股東代表訴訟勝訴時，所訴追之賠償金額，全數歸屬公司，原告股東分文未得，並無任何直接利益；依據此事實，日本法斷然認定股東代表訴訟爲非財產上請求權之訴訟，排除財產請求權之民事訴訟費用規定之適用，不論請求賠償金額多寡，一律以較低定額（目前爲13,000日圓）繳付。費用改制後，股東代表訴訟之提起，制度之機制發揮極致，已成爲公司治理不可或缺之制度之一。公司本應自行訴訟，爲避免繳納巨額訴訟費用而由股東代表提起，是一種便宜之策，但是會引起濫訴等後遺症問題發生之可能性甚高，有待解決。

(四)提供擔保命令

　　股東提起代表訴訟時，法院因被告之申請，得命起訴之股東，提供相當之擔保（公司法第214條第2項）。擔保提供並非被告董事一有申請，法院就得命令，原先股東之起訴是出自惡意時，法院始能命令提供。因此被告董事申請時，對原告股東之惡意有疏明義務（疏明義務是給法官建立大概事實是如此之心證的說明行爲，與讓法官確信該事實存在之立證有別）。

　　對公司經濟利益之維護，以及經營之監督糾正，股東代表訴訟制度之重要性，已如前述。因此，股東代表訴訟提起權應加尊重。同時，股東代表訴訟胡亂提起，對公司或董事之受害也鉅，因此濫訴之害也得防止。擔保提供命令之規定，目的爲二者間建立平衡機制。基於此觀點，上述原告股東之「惡意」概念，不能僅以原告股東明知起訴理由不存在爲準，對被告董事有加害之不當意圖存在時，「惡意」才成立。被命令提供擔保，在未進入實質審查前，原告股東通常會衡量往後訴訟不利而訴訟撤回或放棄，所以法院爲提供擔保與否之裁定，務必慎重爲之。

　　股東代表訴訟提起權之濫用，最常見實例是股東以騷擾或恐嚇之手段謀取不當目的，而專挑董事細微之過錯提起訴訟，是典型的代表訴訟提起權濫用；股東提起訴訟之動機不正當，但是起訴本身理由具有相當性時，不可逕予斷定爲濫訴而加以排除，是時下實務判例的立場。

　　又最近因起訴目的不正當，被認定是惡意起訴，命令提供擔保之案件（被告董事因原告股東不正當起訴，而可能取得之損害賠償請求權實現之擔保）日益增多。原告股東之惡意如何定義，攸關重大；有起訴無理由之事實認知之認知說，也有起訴被告會受害之事明知之惡意說，還有加害於被告之意思之害意說等，對立之諸說，莫衷一是。日本新法明文規定，訴權之濫用是指代表訴訟之提起，是意圖股東自己或其他利益之目的，或以危害公司之目的時，不得提起訴訟（如日本会社法第847條の3第1項第1號），即採害意說之立場。

(五)訴訟參加、輔助參加

　　追究董事責任之訴訟，不論是公司提起之訴或是股東提起之訴，其他股東以及公司得參加訴訟。因爲提起訴訟之公司或是股東是否正常適當的進行訴訟，無法保證，而判決效力及於公司與股東，俱有切身關係。公司法雖無明文規定可參加訴訟，依法理解釋也應肯定之。其他股東能參加原告股東，公司則可參加原告股東，也可以參加被告董事。當公司參加被告董事這一方之輔助參加時，有一問題待加解釋。訴訟參加訂有要件，訴訟參加人是該訴訟有法律上利害關係者，方能參加，訴追董事對公司責任之代表訴訟，所得賠償全部歸屬於公司，故原告股東訴訟之勝敗，與公司關係深切。參加原告股東一造，理所當然；參加被告董事一方，如輔助被告訴訟勝訴，結果公司之賠償無著，但防止被告董事敗訴，對公司還是有利害關係，例如因董事會決定違法而追究參與決議董事之責任時，被告敗訴，則董事會決定違法被認定，會滋生依此決定之業務執行無效之問題，因此之故，公司仍得參加被告董事這一方。

(六)裁判上的和解

　　股東代表訴訟應與一般民事訴訟相同，法院或法官不問訴訟進行程度如何，得隨時試行和解（民事訴訟法第377條第1項）。和解使訴訟程序終了，爲迅速妥當解決紛爭之好方法，對公司與股東雙方之利益均能顧及。訴訟中庭上和解，內容及手續之公平公正性獲有保證，基於上列理由，股東代表訴訟之和解，公司法雖無明文規定，亦應受肯定即更加鼓勵。

　　和解成立與確定判決有同一效力，代表訴訟和解效力及於公司。問題是公司未參加和解，非和解之當事人，公司要受其效力拘束，如原告股東與被告董事通謀危害公司利益之和解，公司也得要接受，顯然不公平，也不合情理。對此問題之解決，日本法有明文規定，可引爲參考。

　　日本法規定之重要內容爲：第一，公司不是和解當事人時，和解效力不及於公司；第二，代表訴訟試行和解，公司非訴訟當事人時，法院應將和解內容通知公司，公司對和解內容有異議者，須於二週內書面申議，期間內未爲異議申述時，視爲承認（日本会社法第850條）。

　　又股東代表訴訟之原告股東與被告董事共謀，其訴訟係以危害公司利益爲目的，該訴訟獲判決或和解確定時，公司或其他股東可對此判決，提起再審之訴（同日本会社法第850條）。

(七)費用負擔

　　代表訴訟之原告股東勝訴時，訴訟費用（起訴及各種申述聲明等手續費用、法院調查、勘查等費用）是由敗訴被告董事負擔。除此之外之訴訟必要費用（準用訴訟之調查費用、旅費等）以及律師報酬等相當金額，原告股東得請求公司支付。勝訴判決之利益歸屬於公司，費用負擔亦一併屬於公司。

原告股東敗訴時，訴訟費用、訴訟必要費用及律師報酬等，全數由敗訴之原告股東負擔。又原告股東敗訴致使公司受有損害，對於公司負賠償之責任（公司法第214條第2項），例如敗訴之確定判決效力及於公司，公司無法再起訴，直接或間接致使公司受有損害之情況。但此時起訴股東之賠償責任，應以股東惡意為要件較妥適；蓋股東單純過失時也須負責，對股東如此苛刻，必定造成股東對代表訴訟敬而遠之，任誰也不願意提起訴訟。

代表訴訟所依據之事實，顯屬虛構，經終局判決確定時，起訴股東對被告董事負賠償之責任。反之，其事實顯屬實在，被訴董事應對起訴股東負賠償責任。對被告董事而言，被告應訴，費時傷財又勞心勞力，為重大負擔之事；如清白無辜之董事，無端受害有欠公道，應予補償其損失。對原告股東而言，則一方面鼓勵多利用代表訴訟，一方面亦要防止不當目的之濫訴，可謂雙方兼顧之立法規定。

五、董事違法行為之制止制度

董事、董事會違反法令或章程之行為，致使公司受損時，可向董事請求損害賠償，但是這是事後補救之策，事先要能阻止損害發生，將是更好的策略。鑒於此，我國公司法效法美國法之制止命令（injunction）制度，規定董事會決議，違反法令或章程之行為時，繼續一年以上持有股份之股東，得請求董事會停止其行為（公司法第194條），即所謂股東制止請求權。制止請求權本是公司持有之權限，授與股東代替公司行使之構想，與前述股東代表訴訟權吻合，制止請求權是事前預防手段，而代表訴訟權是事後救濟方法，兩者有異。類似制度有監察人制止請求權（公司法第218條之2第2項）之規定。

該制止請求權是對董事會決議為違反法令或章程之行為，這些行為是

法律行為或是事實行為均包含之。法律行為違反法令或章程，其效力無效者多，不論有效或無效行為，一律能為制止。此時，制止請求權對象不限於董事會，對董事會委任業務執行之董事也可以為之。制止請求權人是繼續一年以上持有股份之股東，持有股份多少不問，即使持有一股之股東也有資格。

制止請求不拘限於法庭上訴之請求，裁判外的請求也可行。董事對請求制止之行為要否停止，董事基於善良管理人注意義務，自行判斷之。如非違法行為自可置之不理，無任何問題；如事後確定是違法行為時，董事自應負任務懈怠之損害賠償責任，但此責任之發生與有否被請求制止無關，非漠視制止請求之責任。董事被請求而不停止時，可向法院提起制止請求之訴，附帶假處分強制董事停止作為。制止請求之訴是為公司提起，判決效力當然及於公司。此外，提供擔保命令、訴訟參加、請求股東之損害賠償責任等，類推適用代表訴訟之解釋為宜。

第四節　董事對第三人的責任

董事對於公司業務之執行，如有違反法令致他人受有損害時，對他人應與公司負連帶賠償之責（公司法第23條第2項），即所謂董事對第三人責任規定。

董事責任不外債務不履行責任與侵權行為責任，對公司而言兩者均會發生，是眾知之事。蓋董事與公司間存在委任契約，董事任務懈怠導致對公司債務不履行之責任；又公司是董事職務執行之直接當事人，職務上直接加害於公司，構成職務上侵權行為責任，都是常見之事。對第三人則顯然不同，董事與第三人之間無契約關係，即無所謂任務懈怠行為，任務懈怠導致債務不履行責任不會發生，法無從規定是當然之事。董事職務執

行加害到第三人，是侵權行為之一種，董事對第三人之侵權行為責任會發生，此責任與一般侵權行為相同，適用民法第184條規定即可。

然而，公司法第23條第2項唐突的規定對第三人之責任，認為是民法第28條之重複規定者甚多，但是細觀民法第28條「因執行職務所加於他人之損害」與公司法第23條第2項「對於公司業務之執行……致他人受有損害」兩條文之表現，顯然前者是職務執行直接加害他人之職務上侵權行為，後者是職務執行之任務懈怠致使他人受損害之特別責任之規定。又民法第28條是侵權行為人董事之責任，追加公司責任，而公司法第23條第2項正好相反，為公司責任之上再追加董事責任，兩者責任性質與責任連帶之構造均不相同，兩者儼然為不同之規定。對於此責任之理論構成要件以及性質等，均不明確，須待解釋，解釋與見解不同而形成學說之對立。

其一，董事業務執行對公司任務懈怠也致使他人受損害時，鑒於董事行為對公司之利害影響重大之外，對公司以外之第三人也會受到影響，為保護受到影響之第三人，法才特別規定對第三人要負賠償責任，此為特別法定責任說。另外一種說法，董事職務上之任務懈怠止於與公司間之關係，本來與第三人毫無關聯，但是任務懈怠惹起第三人受損時，單純任務懈怠惹起損害，並非直接加害行為，無法直接構成侵權行為，將其擬制為侵權行為，而據以規定對第三人之責任，能如此擬制，乃基於董事行為之性質，應特別加重，以資保護第三人之理由，此種見解被稱為特殊侵權責任說，此說是現時的通說[10]。

董事與第三人之間，不存在任何法律關係，董事對第三人無任何義務可言，則無所謂任務懈怠之說，對第三人若須負損害賠償責任，肯定非任務懈怠之債務不履行責任，另一可能是侵權行為之責任，但董事並無直接加害第三人，侵權行為責任之原本之加害行為不存在，硬要解釋為侵權行

---

[10] 王文宇，公司法論，元照出版社，95年3版，第113-114頁。

爲責任，亦不合宜。既非債務不履行責任，亦非侵權行爲責任，唯一可行之道，就是將其解釋爲公司法對股份有限公司董事特別創立之對第三人責任——法定特別責任說，此說展開的理論，值得傾聽。

又依法定特別責任說之見解，對第三人之責任要件，即可脫離債務不履行及侵權行爲之法理拘束，展開獨自見解。例如，侵權行爲之責任，對第三人須有加害行爲，董事對第三人之責任僅限於直接損害。法定特別責任說，將直接損害（董事之任務懈怠行爲直接致使他人受有損害時，即職務上侵權行爲）或間接損害（董事之任務懈怠行爲，致使公司損害，結果導致使他人受損害）兩者全可包含之。另外，公司法第23條第2項解釋爲特定責任，與民法第184條侵權行爲及民法第28條職務上侵權行爲之規定，不發生牴觸，各個規定之責任內容、法理構造、責任性質不同，三者之規定易於釐清理順。

這一說的立場，只強調保護第三人之需要，但是爲什麼課以董事方面負擔損害賠償責任的理由，沒有任何說明。要保護以及要承擔責任，雙方都必須有充足的法理根據，法制規定才能屹立不搖，欠缺其中之一，則是不平衡的跛腳制度。

公司法第23條第2項規定「公司負責人對於公司業務之執行，如有違反法令致他人受有損害……」之責任要件，明顯指出董事責任之可歸責性之依據。董事對於公司業務執行應遵守法令（包括第23條第1項善良管理人注意義務與忠實義務），若有違反即構成董事之任務懈怠。業務執行有任務懈怠導致公司受損害，董事對公司應負債務不履行之損害賠償責任，業務執行是對公司，本來僅對公司負責而已。現在擴大到對第三人也要負責。而原本董事對公司的責任是任務懈怠之債務不履行之責任，這個責任範圍由公司擴大到第三人，負責對象增大，量變但質不變，仍然是任務懈怠之債務不履行責任。因此，對董事而言，第23條第2項責任性質是債務

不履行責任之說，才是正確[11]。但是這個債務不履行是董事對公司的事，對第三人並無債務不履行發生，第三人要以債務不履行向董事求償，於法無據，行之不得。於此公司法第23條第2項應運而生，適時的提供第三人請求賠償的法依據，解決方法理論的問題。因此對第三人無可置疑的是法定特別責任。所以認定第23條第2項的責任爲法定特別責任之說，也能令人誠服[12]。

　　董事任務執行應遵守法令（包括第23條第1項善良管理人注意義務與忠實義務），若有違反即構成董事之任務懈怠，已如前述。不僅對公司應負損害賠償責任（第23條第1項），與該任務懈怠行爲有相當因果關係之第三人之損害，也要負賠償責任（第23條第2項）。原本董事與第三人之間並無任何法律關係存在，其職務上的行爲除非具備侵權行爲要件之外，對第三人是無任何責任可言。但是，考慮到公司在現今經濟社會占極重要地位，以及董事職務之重要性，對第三人應加強保護。法特別規定，董事業務執行有所懈怠（違反前項規定之善良管理人注意義務與忠實義務）致使第三人受有損害時，對第三人也應負賠償責任。此際，對第三人之損害，不計董事是否係侵權行爲或故意、過失之要件，也不論是間接損害或直接損害，第三人之損害與董事對公司之任務懈怠，具有相當因果關係，僅此要件董事之賠償責任即成立。

　　間接損害是指董事因任務懈怠致使公司受有損害，結果又致使第三人受到損害之稱；最具典型之例，就是董事對公司怠慢經營，利益相反而招致公司破產，公司債權人之債權無法獲償之損害。間接損害除對公司有責任外，沒有本條項規定的話，對第三人責任是不存在，本條項規定之意義即在此。對公司責任之賠償額是以因其任務懈怠，而使公司財產減少之金額；而對第三人責任之賠償額，通常相當於該債權人之債權金額。股東也

---

[11] 我國公司法第23條第2項係繼受日本商法，而不應遽認爲係侵權行爲責任之說明，參照王麗玉，董事之民事責任，律師雜誌，94年第305期，第37頁以下。

[12] 倉澤康一郎，商法の基礎（稅務經理協會）第14頁以下；宮易司，新会社法エシセンス（弘文学第4版補正版）第255頁以下參照。

會是間接損害之受害人，但股東間接損害之救濟是透過股東代表訴訟方法追究之故，不應肯認股東為第三人，乃通說之見解[13]。

　　直接損害是指董事惡意或重大過失之任務懈怠，造成公司損害，直接殃及第三人，致使第三人受到損害，以及公司沒受損，僅第三人受損之情況，謂之「直接損害」。經常例舉之典型例子為：公司已瀕臨破產階段，董事已認識無力返還，卻還因循苟且，借錢貸款，或公司已不可能支付貨款，卻還不斷訂貨與進貨，結果公司沒有受損，但是契約對方之第三人，則遭受損害。董事如此行為，也有可能成立對第三人（契約對方）之侵權行為，但按判例法理，侵權行為是對第三人之加害須有故意或過失要件，相對地，董事在此對第三人責任，是董事對公司之任務懈怠具有惡意或重大過失要件就充足，此點是兩者最大不同點，第三人的直接損害在侵權行為要件不適用，無法請求賠償之情況時，依然可依本條項規定獲得救濟。然而，如上述之行為無能力償還之借款，公司沒有受損，董事對公司何來任務懈怠？對第三人之受損豈不是就無法購成本條項的責任。當然，對此問題也有認為傷害了公司的信用，即是任務懈怠之見解[14]。但是，公司瀕臨破產，回生乏術的情況下，為防止債權人損害擴大，董事應急於再建重整之可能性，或破產處理等檢討之義務，是善良管理人注意義務之範圍，該任務懈怠才是問題核心之解說，較為中肯而可採[15]。

　　對第三人有可能發生此類責任的事例有：1. 股份、公司債公開募集時之說明資料有虛偽不實記載或記錄；2. 財務報表、業務報告重要事項之記載或記錄有虛偽不實；3. 虛偽登記；4. 虛偽公告等。但是，這些事項承認舉證之轉換，董事舉證對於這些記載、記錄或公告並無怠於注意，可免除責任。

13　江頭憲治郎，株式会社法，有斐閣出版，第454頁。

14　上柳克郎，兩損害包含会社法，手形論集，69年，第454頁。

15　吉原和志，會社の責任財產の維持と債權者保護，法學協會雜誌102卷8號，第1480頁。

第五節　特殊董事對第三人的責任

以下是特殊董事對第三人責任之構成，分別加以分析論述：

一、名目（掛名）董事之責任

經合法選任，從就任當初開始一直不執行業務之董事，謂之掛名董事或名目董事。身居國外無法上班而不參與業務也不受領報酬之例、一人獨裁經營而其他董事名無其實，對任何業務不理不睬之例、出資占多數股而取得董事席次，一年只數回聽取報告，不參與經營之例等林林總總，與公司之現實關係而有多種多樣的名目董事。名目董事是事實的存在，法律上並無所謂名目董事，在法律上仍是正規的董事，法律上不容許有不執行業務之董事。

名目董事實際上並不執行業務，所以積極性的違法行為不會發生，但是並不意味什麼責任都不會發生。即身為董事對於公司業務執行之監視義務，是絕對無法免除。董事不能不為的基本義務，一不為就是任務懈怠，因此對第三人之責任，係因監視義務不履行之任務懈怠而發生之可能性極高。此責任之建構是，其他業務執行董事之任務懈怠，致使第三人受損害，而名目董事對於該業務執行董事之監視義務不履行。換言之，在業務執行董事對第三人責任存在之前提下，名目董事之責任才會成立。因此肯定名目董事違反監視義務之責任，須舉證業務執行董事之任務懈怠，該任務懈怠與第三人受損害有相當因果關係，以及名目董事對於業務執行董事之任務懈怠監視義務違反之事實[16]。

---

[16] 日本判例肯定名目董事對第三人之責任（日本最高裁判所昭和55年3月18日判決判例時報971號，第101頁），名目董事將公司業務全部委任其他董事，會構成監督義務的違反，但是被委任董事沒有犯上惡意或重大過失之任務懈怠時，名目董事之監督義務違反與損害之間，不存在相當因果關係，是日本判例的見解（日本最高裁判所昭和45年7月

名目董事之責任除此監視義務違反之外，因名目董事無任何作為致使第三人受損害時，該不作為可評為是惹起受害之行為之情況時，也可構成消極不作為而對公司及第三人之責任，例如名目董事對第三人損害之發生，握有具體迴避手法，且是容易可行而不作為之情形。

名目董事之監視義務違反是過失責任的性質，例如董事長獨裁經營，用盡各種監視或監督方法也不中用，名目董事能證明已盡義務，則無義務違反，就不發生責任，或者解釋為，監視義務違反與第三人損害之間因果關係不存在，亦得免負責任，似也可能成立（日本東京地裁平成8年6月6日判決即作如是裁判）。

二、表見董事之責任

股東會選任決議不存在，未獲有董事之合法地位，但其行為時呈現像似董事之外觀，使相對人信賴其外觀而認為是董事，此謂之表見董事。表見董事本質非董事，與公司間無法律關係，無法直接適用公司法第23條第2項規定，肯定其對第三人之責任。但有論者以下列之立論，主張表見董事亦應對第三人負責任者甚多：先是適用民法表見代理制度，結果認定該行為人為表見董事，該表見董事對善意第三人不得主張自己非董事之抗辯，再類推適用公司法第23條第2項規定，此時表見董事也不得以非董事為抗辯，如此對第三人之責任即予確定。

表見制度是在認定表見行為而決定該行為效力之歸屬，表見董事之行為為表見行為，表見董事是表見行為概念的基礎，因此認定表見行為之前，先得認定表見董事。表見行為之認定，有法的意義（行為效果歸屬之效力），表見董事之認定，除為表見行為認定之用外，別無法的意義（法無特別規定），對公司不發生權利義務關係，對公司亦不發生公司法第23

16日判決民事判例集24卷7號，第1061頁）。

條第2項適用前提之任務怠懈，當然無從建構規定對第三人之責任。又表見制度適用上，必須認定表見董事與表見行為，此時表見董事僅對該表見行為之第三人，不得主張自己非董事之抗辯，絕不擴大到對任何第三人均不得抗辯，又從因果關係要件來看，也只能拘限於相對人而無法擴大。

綜上分析，藉由表見制度再類推適用公司法第23條第2項規定，試圖肯定表見董事對第三人責任之立論，理論難題甚多，殊難成立。

三、事實董事與影子董事之責任

事實董事與影子董事都非法所規定之制度，是由理論導引出來的法理制度，原始來源是美國判立法理所形成。最典型的適用事例為，未經選任，外觀狀似董事，持續執行公司業務有時，基於尊重公序（既存事實尊重之理念），將該人視為事實董事，所為業務執行對公司視為有效之董事行為。

事實董事理論適用要件，為董事權限之外觀及持續業務執行二項要件，要件充足則事實董事確立，課予與正式董事相同之義務與責任，事實董事對內與對外之業務執行行為，對公司生效。依其理論構造，以董事之外觀及持續業務執行之事實，先確立事實董事，再認定事實董事之地位與正式董事相同，如此之事實董事適用（最少也應類推適用）公司法第23條第1項對公司任務懈怠責任，同條第2項任務懈怠致使第三人受損害之損害賠償責任，應是合情合理。

我國公司法於民國102年修改，於第8條增訂第3項承認事實董事與影子董事，事實董事以及影子董事在我國成為法制化，有別於各國的法理制度。我國公司法新規定是對各個行為之行為人會不會構成董事責任作規定，不是對事實董事或影子董事確立地位作規定，不先確立地位就無法類

推適用第23條規定，因此新公司法下，上述之理論能否套用，應加深入探討。

四、登記簿上董事之對第三人責任

未經股東會正式選任手續，僅承諾在登記簿上被登記為董事之非正式董事；另一種是董事已經辭任，未為辭任登記，而登記簿上依然記載為董事，即名義存在登記簿上之董事。

登記簿上董事或辭任董事未辦完登記，在其存續期間，公司實際經營者恣意經營，導致公司破產，因而受損之債權人對公司求償無法獲得滿足時，轉而向此類董事求償，此時適用之條文就是公司法第23條第2項董事對第三人責任之規定，在實務界這類訴訟案例日益增多，但是欠缺適法選任決議或實質辭職已非法律上之董事，可否適用該規定歸究其責任，爭論甚多。

肯定說的理論構造分有兩種，其一，先適用公司法第12條不實登記之效力，登記簿上之董事不得以非董事對抗第三人，第三人進而依據公司法第23條第2項追究其董事責任，此為時下多數說，亦為實務之見解。其二，是套用事實董事之理論之解決方法。但是二者立場均有難點，無法令人輕易認同。

對前者，首先公司法第12條適用之問題，該規定登記義務人是公司，公司是當事人，所以不得對抗第三人的是公司，被登記董事在登記關係上是第三人地位，無法適用，對被登記董事不生對抗效力之限制。退一步而言，登記簿上之董事容忍適用（類推適用）公司法第12條規定，因該條文是權利外觀法理或禁反言原則之規定，適用結果僅僅是董事之表見行為效果歸屬於公司之效力，不可能發生表見董事對公司取得權利與義務之效

力。又適用公司法第23條第2項亦有問題，登記簿上之董事業務執行之權利與義務不存在，當然該條文適用之前提要件─任務懈怠亦不發生。因此藉由公司法第12條不實登記效力之適用，接續適用公司法第23條第2項，認定登記簿上董事之第三人責任之多數說，顯然不可採。

對於後者，援用事實董事法理之解決方法，同樣存在著難以克服之問題。董事之外觀和持續業務執行之二要件都具備下，董事對第三人之特別責任始獲肯定。事實董事理論之基本構造，登記簿上董事公示力之效果，呈現董事之外觀，成立第一要件，無置疑之餘地；但無持續董事業務執行之事實，欠缺第二要件，故事實董事理論無法適用。以上兩派肯定說，均不足採之結論下，登記簿上之董事課以對第三人之責任，應是徒勞枉費之立論。

五、獨立董事之責任

1990年代以後，對公司經營之重大不祥事件重複發生之反省，以及公司經營正道之探求，掀起公司治理之理論思潮，有效率的經營之確保以及經營上違法行為之抑止，是此理論之終極目標。為達到此目標，各國在公司法等之修法與制度運用之改善，做了相應的工作，其中之一，創設了獨立董事制度。我國公司法遲遲未見導入，證券交易法已於2006年修正，強制上市公司採行。

獨立董事由股東會從非該公司及其子公司之業務執行董事、經理人或其他使用人，並在過去一定期間內未曾擔任過上述職務之合格者中選任董事。制度意旨為，董事中有一部分與公司沒有利害關係具超然獨立地位，用以確保更有效率與合法健全的業務執行。獨立董事與公司內部人事關係無牽涉，具有別於「公司內部常識」之觀點，又對「公司內部事情不通曉」有促使其他董事等之說明報告，藉此促進公司內部資訊情報之透明

化，進而實行確實之監督監視，排除向來含糊與包庇性之監視，此等為一般對獨立董事之期待。

　　職務分擔上，獨立董事與業務執行董事有別，獨立董事不從事實務業務實行，專司業務執行之監督監視。但公司法上地位獨立董事無異於業務執行董事，擁有同樣的權利與義務，因此因任務懈怠對公司（公司法第23條第1項）以及對第三人（公司法第23條第2項）之責任，對獨立董事均會發生。惟因獨立董事之任務懈怠亦僅限於此兩事項，範圍縮小，責任發生機率相對減少，但絕非責任減輕。

　　獨立董事人才確保困難，加上獨立董事獲取之報酬與一般董事相比，明顯偏低，兩者條件不同前提下，課以相等責任是否適當，值得檢討。據此考量。外國立法例，多數設有獨立董事責任減輕制度。以日本為例，日本会社法有根據章程訂立責任減輕的制度（日本会社法第427條），獨立董事與公司可事先訂立因任務懈怠對公司賠償之最高限度額，即章程所規定獨立董事之任務懈怠對公司之賠償，應以章程訂定之依訂金額或報酬二年分之金額中之高額者為限度，獨立董事對公司賠償即以此為最高限度額，超越部分減免其責任。但是，這減免責任制度無法適用於對第三人之責任是當然之事理。

　　獨立董事就任該公司或子公司之執行業務董事、經理人或其他使用人時，即喪失獨立性，獨立董事資格亦隨之喪失。

第六章

設置委員會之董事會制度

第一節　審計委員會

一、前述

　　民國95年證券交易法修改，引進獨立董事之同時，也增訂了審計委員會制度。增訂證券交易法第14條之4第1項規定：「已依本法發行股票之公司，應擇一設置審計委員會或監察人。但主管機關得視公司規模、業務性質及其他必要情況，命令設置審計委員會替代監察人；其辦法，由主管機關定之。」，接著第2項又規定：「審計委員會應由全體獨立董事組成，其人數不得少於三人，其中一人為召集人，且至少一人應具備會計或財務專長。」

　　增訂理由為[1]：「目前國際推廣之公司治理制度甚重視董事會之專業能力，爰設置審計委員會等功能性委員會，藉由專業之分工及獨立超然之立場，協助董事會決策。我國公司法制係採董事會及監察人雙軌制，為擷取國外公司治理之優點，爰規定公司得擇一選擇採現行董事、監察人雙軌制，或改採單軌制，即設置審計委員會者，不得再依公司法規定，選任監察人。」簡單的說，本次增訂目的，就是要順應世界潮流，擷取國外的優良制度，廢掉公司法上傳統的監察人制度，改採英美法制的審計委員會制度，大肆改變我國上市公司之機關構造，放棄雙軌制，向單軌制靠攏。

　　金管會於102年規定[2]：「依據證券交易法第14條之4規定，已依本法發行股票之金融控股公司、銀行、票據公司、保險公司與上市（櫃）或金融控股公司子公司之綜合證券商，及實收資本額達新臺幣五百億元以上非屬金融業之上市（櫃）公司，應設置審計委員會替代監察人。但前開金融業如為金融控股公司持有發行全部股份者，得擇一設置審計委員會或監察

---

[1] 金管會99年11月24日發布之增訂理由。

[2] 金管會102年金管證發字第1020004592號令。

人。」

　　結果現行證券交易法下，對公開發行股票之金融控股公司等金融業之公司及實收資本額達新臺幣五百億元以上之上市（櫃）公司，強制設置審計委員會替代監察人，澈底移轉到單軌制，其餘的上市（櫃）公司還保留任選設置審計委員會或監察人制度。

　　如增訂理由所示，設置功能性審計委員會賦予的任務主要有二，藉由專業之分工及獨立超然之立場，協助董事會決策是其一，設置審計委員會替代監察人之制度機能是其二。

　　董事會專司公司業務執行，審計委員會以專業及獨立超然立場協助董事會業務執行之決策的任務，而監察人制度是公司監察權行使的獨立機關，以審計委員會替代監察人所肩負之監察機能性任務，即賦予業務執行權及監察權之雙重任務。新增審計委員會能否貫徹這兩種任務，以下加以分析觀察。

二、審計委員會定位

　　審計委員會地位如何？是這個制度的最基本問題，但證券交易法僅有兩條文對審計委員會制度作規定，絲毫沒有觸及到地位的問題，有待解釋解決。

　　理論上，審計委員會之成員的選任有二種可行方式：第一種方式，由股東會選出與一般董事有所區別之獨立董事，再由董事會從獨立董事中選任三名以上審計委員成員組成委員會；第二種方式，則是由股東會直接選任審計委員會成員。前者，審計委員會成員是由董事會選任，成員的職務解任同樣是董事會的權限，審計委員會權限源自董事會的授權，因此審計

委員會是董事會的下位組織或內部單位，分擔董事會的部分職權，也是董事會的下屬功能性機關；後者，審計委員會成員是由股東會選任，委員解任當然也是股東會的權限，審計委員會權限源自股東會的授權，所以不構成董事會的下位機關或內部機關，對董事會來說是獨立的外部機關。

　　按採行單軌制公司機關構造美國制度，最高意思機關股東會選任董事，組成董事會，董事會再從董事中選任審計委員會等其他委員會之成員。我國審計委員會制度是拷貝自美國制度，所以委員會成員之產生方式也應同理同法。再從審計委員會與董事會職權行使關係觀察，審計委員會作成的決議，只構成對董事會的建議案，董事會可以否定或修改（證券交易法第14條之5第1項及第2項），由此推理認定，董事會是審計委員會的上位機關，審計委員會成員由上位機關董事會選任，也是合乎法理。但是，我國現行審計委員會成員依證券交易法第14條之4第2項以及公司法第192條第2項之規定，應由股東會選任，一反國外制度。我國制度爲何作如此規定，自有其原因，容後詳述之。

　　但是，不管是前者或後者方式選任之審計委員會成員，基本身分都是獨立董事，與一般董事一起組成業務執行機關之董事會，均爲董事會的構成員，在董事會與一般董事之權限是平等一致，分毫不差的。審計委員會的成員本具董事身分，再兼一份審計委員會成員身分，成爲兩層身分的存在。兩種身分地位當然也會擁有兩種相應的不同權限。

三、審計委員會職權

　　茲將獨立董事身分的權限與審計委員會成員身分的權限，分別加以說明。

(一)具獨立董事身分而為審計委員會成員所擁有權限是業務監督權及重大事項決策之建議權兩種

1.業務監督權

　　董事會構成員之獨立董事全體再組成審計委員會，審計委員會在本質上是董事會的分機構，因此審計委員會應可分享部分董事會的職權，具體分擔的權限是業務監督權。

　　董事會司公司業務執行，業務執行權是董事會的固有權限。業務執行權大體又分三種內容，即業務執行的決定權、業務執行的實行權以及業務執行的監督權。決定權保留在董事會，董事會開會決議就是決定權的行使。由於董事會是會議體，能做決定，無法自身實行，實行權必須委外實行，委任董事長及執行董事實際實行。業務執行之實行權委外實行，受委任者是否依董事會決議忠實實行、在實行之際有否違反法令或章程，委任人必須加以監視監督；委任人是董事會，因此董事會持有監督權，但是會議體的董事會，也無法實際實行監視監督，所以實際實行監視監督的職責，就落在董事會的成員，也就是每一位董事身上；身具董事身分的董事長及執行董事，一方面是業務執行之實行者，另一方面又是業務執行之監督人，兩種對立的角色集於一身，顯然是矛盾，監督效果必然不彰。故考慮將實行權與監督權分離，分別配屬專從人員，體現出來的是獨立董事制度；董事區分開一般董事與獨立董事，一般董事專事業務實行，獨立董事專門負責監督；單獨從事監督的獨立董事，將其組織化，形成的組織體即是審計委員會。

　　國外的審計委員會是基於如此的淵源而形成，國外審計委員會的基本權限是限定於業務執行的監督權，而移植到我國的審計委員會也理當如此。雖然，我國無法條規定的依據，不過在我國肯認這個基本權限，應無

庸置疑[3]。

2.重大事項決策之建議權

　　證券交易法第14條之5所列公司重大事項之決定，首先必須提請審計委員會決議之後，再提列董事會決議，這條文規定賦予審計委員會一項重要而特別的業務執行決定之參與權。

　　按證券交易法第14條之5所列事項，均屬對公司至關重要之業務執行事項，董事會擬對這些事項作決定之前，提經審計委員會決議通過，未提經審計委員會決議通過者，董事會必須以特別決議通過，方能生效行之。此條文規定的旨趣是對具有專業性與獨立性之審計委員會加以重視，要求其對公司業務執行重要事項之決策，依其立場提出意見，作成建議案提到董事會討論決議，審計委員會原本是董事會的分機構，賦予這種任務或權限，要求積極參與決策的決定，極為自然。

　　原本證券交易法第14條之3對於獨立董事之職權，也有類似規定，與同法第14條之5所列舉同樣內容之重要事項之決定，獨立董事的意見格外加以尊重。獨立董事也是董事之一，參與董事會決策與一般董事完全平等，沒有差別；但是，獨立董事選任的條件是必須具有獨立性與專業性，並負有一般股東的託付，考量其應本致力於一般股東利益實現的立場，特別將獨立董事的反對意見或保留意見加以開示，提供股東以及投資者（潛在股東）參考。審計委員會委員全體都是獨立董事，各個委員都享有上述第14條之3賦予之權限，但是此規定是獨立董事單獨行使的職權，審計委員會是集合複數獨立董事構成的組織體，第14條之3規定明顯不能適用於審計委員會，因此於第14條之5另行規定，並將其職權更加強化，不僅求之於意見開示的效力，更提高對董事會決議之拘束效力。增訂理由所明示

---

[3]　證券交易法則明文規定了審計委員會的業務執行之參與權（第14條之5）以及公司監察權（第14條之4）。

目的之一，藉由獨立董事之專業分工及獨立超然的立場，協助董事會決策；立法者無疑擬以第14條之5規定為具體實現的方策。

(二)依據審計委員會身分而持有的權限即是監察權

我國公司法第218條規定，監察人應監督公司業務執行，又監察人對於董事會編造提出於股東會之各種表冊應予查核（同法第219條）。前者是業務監督權，後者是業務與會計監察權。

業務監督權是對於董事會、董事之業務執行有否違反法令、章程或股東會決議，加以監視督導；以及對於董事會、董事之業務執行是否適宜妥當，加以監視督導。前者謂之違法性督導，後者謂之妥當性督導；按公司法第218條之2第2項規定：「董事會或董事執行業務有違反法令、章程或股東會決議之行為者，監察人應即通知董事會或董事停止其行為。」，這是通說解釋監察人只有違法性之督導權。

督導權的性質是加以監視，發現有問題者給予督導、糾正或阻止，事業準備階段或業務執行進行中，始能採行之手段措施，因此業務監督權是業務執行之事前或事中行使，事後因被監督之主體行為已不存在，監督權即無用武之餘地。

反之，監察權是對業務執行的結果進行查核、評價並作成報告，提出於股東會，是對業務執行結果事後監察；在事前或事中未有結果，何來監察，所以，有事前或事中是監督，與事後是監察之分。又監察權的核心內容是查核、評價及提出報告，是客觀公平之第三者，始能適格勝任。自己監察自己，不具任何意義，向來就被禁止。

增訂證券交易法「設置審計委員會替代監察人」（第14條之4第1項）以及「本法、公司法及其他法律對於監察人之規定，於審計委員會準用

之」（第14條之4第3項）這兩項規定，是將監察人的地位與權限轉移到審計委員會，並廢除監察人制度，亦即公司法上，監察人擁有監察權以及業務監督權，全數移交給審計委員會。依上述審計委員會基本上就擁有業務監督權，而且其監督權包括違法性及妥當性的監督權，還比監察人只有違法性監督權還多，所以監督權移不移交，不生問題。

但是，對於監察權的移交，就得詳加分析說明。我國審計委員會要替代監察人的地位，成為監察機關，行使監察權。由於監察權非董事會持有，董事會無法授權，審計委員會的監察權來源與權限授受關係如何，有必要加以闡明。

大規模性的股份有限公司，尤其是上市、上櫃公司由眾多無個性化的股東所構成，對公司經營不感興趣，也不具經營能力，又大型公司的經營複雜又深奧，非具專業專才之人無法勝任。自然的導致「所有與經營分離」的現象，股東會保留所有權，釋放出經營之業務執行權授予董事會。董事會被授予業務執行權負責經營，經營結果每經一段時間就須查核評判，報告股東會，做為是否繼續經營委任之判斷。對經營結果之查核評判及報告即是監察。同理，眾多無個性化的股東，也無法承擔監察任務，也只好委由專業專才之人來負責，即是監察人機關的登場。「所有與經營分離」的結果也必然引發「經營與監察分離」的現象。在股東會機關之下，設置業務執行機關——董事會以及監察機關——監察人，股東會分別授予業務執行權及監察權，仍是我國公司法上股份有限公司之機關基本構成。

股份有限公司的特質，必然存在業務執行權及監察權，兩種權限都是股東會原始持有者，但股東會拘於會議體的性質，無法自我行使的部分居多，故必須授權委外行使。監察權倘若授權董事會，必然形成自我監察的矛盾後果，當然不可行。為此勢必委任獨立於董事會之第三者機關，監察人機關即是。如今接掌監察權的審計委員會也必須是如此。因此，為使審計委員會獨立於董事會存在，仍將審計委員會成員之選任權移回股東會，

股東會選任並授予監察權，增訂證交法即是依循此理論所做的規定。對這一點現行審計委員會之規定是值得肯定。

　　將審計委員會提昇到與原本監察人機關同等地位結果，也就是股東會選任董事組成董事會，同時又選任審計委員會成員，成立獨立於董事會之外第三者機關，與董事會並立存在。結果不是又回歸到原本我國公司機關構造之雙軌制。獨立的監察機關又復活登場，這次不稱謂監察人，名稱變成審計委員會，實質上還是同一物。標榜放棄雙軌制，改採單軌制的立法目的，完全撲空，絕非始料所及。

　　再略加思考，審計委員會成員基本資格是董事，董事職權行使受制於董事會的監管，原本董事會擁有監督權，即使獨立董事也不能例外，同等待遇如今審計委員會反過來對董事會行使監察。董事會的監督權與審計委員會的監察權，兩者形成錯綜複雜關係，殊難理清。

　　又，審計委員會成員全體是獨立董事，是董事會構成員，參與董事會決定業務執行，是最基本職責。現在另一方面規定審計委員會要負責對董事會監察，對於自己參予所決定的業務執行施行監察，顯然嚴重違反自我監察的禁忌規則。如此理論上或實務運作上等等問題甚多，不容忽視。

　　若想使審計委員會制度完善化，似有必要檢討修改，但修改之際，建議最少應將同樣是單軌制的德國監察人制度，以及雙軌制之創始者日本監察制度，加入斟酌參考。德國的制度是股東會選任監察人組成監察會，監察會任免業務執行人，嚴禁監察人與業務執行人相互兼任，大型企業的工會有權限選任代表出任監察人等，是其特色。

　　日本監察制度始於明治時代初期，商法立法首創具有特色的雙軌制，影響戰後亞洲新興國家公司制度至深。但是，戰後因美日之間特別關係，迫使日本法制美國化，不同於美國制度的日本監察制度，迄今無一日

安寧，一改再改，每次会社法修改，幾乎都有涉及監察制度的修改，與美國制度的修改亦步亦趨，如今獨立董事、審計委員會與內部控制制度等等，無一不在日本法上呈現，如此全面追隨美國制度，依然無法阻卻公司重大弊端發生，最近令世人震撼的東芝公司假帳弊案，就是實證之例。筆者認為單軌制、雙軌制制度的優劣，應廣泛比較檢討，作為制度修改參考，才能收取更良好效果。

第二節　薪酬委員會

前說

　　民國99年證券交易法增訂薪酬委員會制度，新增條文第14條之6第1項規定：「股票已在證券交易所上市或於證券商營業處所買賣之公司應設置薪資報酬委員會；其成員專業資格，所定職權之行使及相關事項之辦法，由主管機關定之。」新增規定強制所有上市上櫃公司應設置薪酬委員會。其增訂理由：「(一)我國證券交易所為強化上市公司董監酬金資訊揭露，……。不過，相關公布仍無法阻止當公司連續虧損時，董監事酬金總額仍大幅度地增加之弊端。因此，實應強制董事會設置薪資報酬委員會，才得更有效地消除此類弊端。(二)目前我國證券交易法已明確規範公開發行股票之公司應設置審計委員會，為保障投資人權益，亦應設置薪資報酬委員會。……」

　　蓋時下為數不少的公司企業，績效不彰連續虧損，但企業高階經理人經營者仍坐領高薪，成為社會所指摘的企業肥貓，令眾多投資人對其薪酬的正當性置疑不解。我國為提升治理結構，引進國外薪酬委員會制度，資以杜絕企業肥貓弊端並保障投資人權益。

　　證券交易法第14條之6僅規定應設置薪酬委員會。其成員專業資格，所定職權之行使及相關事項之辦法，由主管機關定之。據此，主管機關制定「股票上市或於證券商營業處所買賣公司薪資報酬委員會設置及行使職權辦法」（在本節簡稱爲辦法）。辦法內容將是我國薪酬委員會制度實體寫照。概略如下：

1.組織規程

　　公司應訂定薪資報酬委員會組織規程，其內容應至少記載事項：(1)薪資報酬委員會之成員組成、人數及任期。(2)薪酬委員會之職權。(3)薪酬委員會之議事規則。(4)薪酬委員會行使職權時，公司應提供之資源（辦法第3條第1項）之規定。

2.成員委任及人數

　　薪酬委員會成員由董事會決議委任之，其人數不得少於三人，其中一人爲召集人（辦法第4條第1項）之規定。

3.成員任期

　　薪酬委員會成員之任期與委任之董事會屆期相同（辦法第4條第2項）之規定。

4.成員資格

　　(1)專業性

　　　　薪酬委員會成員應取得的資格：①商務、法務、財務、會計等相關科系之大專院校講師以上。②法官、檢察官、律師、會計師等相關專門職業及技術人員之資格。以上並須具備5年以上之工作經驗（辦法第5條1項）。

　　(2)獨立性

　　　　薪酬委員會之成員應於委任前二年及任職期間無下列情事之一：①公司或其關係企業之受僱人。②公司或其關係企業之董事、監

察人。③本人及其配偶、未成年子女或以他人名義，持有公司已發行股份總額百分之一以上或持股前十名之自然人股東。④前三款所列人員之配偶，二親等以內親屬或三親等以內直系血親親屬。⑤直接持有公司已發行股份總額百分之五以上法人股票之董事、監察人或受僱人或持股前五名法人股票之董事、監察人或受僱人。⑥與公司有財務或業務往來之特定公司或機構之董事（理事）、監察人（監事）、經理人或持股百分之五以上股票。⑦為公司或其關係企業提供商務、法務、財務、會計等相關服務或諮詢之專業人士，獨資、合夥、公司或機構之企業主合夥人、董事（理事）、監察人（監事）、經理人及其配偶（辦法第6條第1項）。所要求獨立性的條件與獨立董事之獨立性條件幾乎完全相同。

5.成員身分

公司已依本法規定設置獨立董事者，薪酬委員會至少應有獨立董事1人參與，並由全體成員推舉獨立董事擔任召集人及會議主席（辦法第8條第3項）。

6.職權

薪酬委員會應以善良管理人之注意，忠實履行下列職權，並將所提建議交董事會討論。(1)訂定並定期檢討董事、監察人及經理人績效評估與薪資報酬之政策、制度、標準與結構。(2)定期評估並訂定董事、監察人及經理人之薪資報酬。

綜上之內容，所增訂證交法對全體上市公司強制設置薪酬委員會屬罕見的之法例，應是我國首創。薪酬委員會成員最少三人，已設置獨立董事之公司最少須一名獨立董事為成員，其他選任外部專家組成，未設置獨立董事之公司當然全體由外部專家組成。被選任的外部成員必須具有與獨立董事同等的獨立性，另外加上專業性的條件，由董事會選任構成董事會下

屬或內部的功能組織之地位。

薪酬委員會的職權是做成決議提交董事會討論。故薪酬委員會對於董監事之報酬，僅能提建議是一種建議權，需將所為建議，提交董事會討論，決議始能生效，薪酬委員會無最終決定權，其決議不成為公司的意思決定，也就是薪酬委員會沒有意思決定權，不能認為是公司機關。因此，薪酬委員會並非公司機關僅是董事會下屬或內部的功能組織之地位。

董事會討論薪酬委員會之建議時，董事會當然可以不採納或加以修正。只是董事會不採納或修正必須慎重行事，應以全體董事三分之二以上出席及出席董事過半數之同意行之，以示對薪酬委員會的建議加以尊重。

董事會對於薪酬委員會提出建議案得以特別決議方式否定或變更。惟此時董事會通過之薪資報酬，如優於薪酬委員會之建議，除應就差異情形及原因於董事會議事錄載明外，並應於董事會通過之即日起算二日內於主管機關指定之資訊申報網站辦理公告申報（辦法第7條第6項）。此舉意圖將董事會對董監事薪酬決定之相關資訊公開化、透明化，藉此收取陽光消滅黑暗的陽光法規或是譴責條款之效用。

按我國公司法第196條第1項規定：「董事之報酬，未經章程訂明者，應由股東會決定，不得事後追認。第29條第2項之規定對董事準用之。」以章程定明或股東會議訂的方法決定董事之報酬，章程之訂定是股東會權限，故董事報酬之決定權在股東會，是我國公司法的制度。又對該條規定通說附加解釋：「倘未經章程訂明或股東會議定，而有董事會議決者，自為法所不許，且章程亦不得訂定或股東會亦不得議定董事之報酬授權董事會或董事長決之。」該條之立法以及附加解釋之意旨，係為避免董事利用其地位與權限，恣意索取高額報酬而自肥，侵害公司及股東權益。

有該條文之規定，按理公司在決定董事報酬，即能制止董事濫權自肥

現象。但是，事實所指摘非議的企業肥貓成群出沒，何以如此，乃時下實務盛行，股東會就董監事報酬，並未定明一定之總額上限，僅決議授權董事會「依同業通常水準」或和「依董監事對本公司營運參與之程度及貢獻之價值」決定之。二個條件均欠缺明確性、準則性，以如此含糊籠統條件授權，結果股東會的決定權被架空，該條規定形同虛設，仍是問題發生之基本原因。

　　將該條規定著手修改使其完整化、有效化，同時嚴格糾正現行實務不當作法，將是問題根本解決之正道無疑。

　　但是，上市公司受證交法規範。資訊揭露公開是證交法立法的核心理念。向來黑箱作業的董事報酬決定，顯然是此理念所無法見容。利用證交法的理念，強制上市公司設置薪酬委員會，將董監事等報酬決定之相關資訊揭露公開，充分發揮社會公眾的監視譴責之壓力，對董事濫權報酬決定自肥問題，必能有相當程度的抑制效果，當無可置疑。因此，此次證交法之增訂，強制設置報酬委員會之舉，被肯認為有益有效之法例，應是公平的評價。

　　只是，必須再次聲明，證交法這次採行的報酬委員會，所設定的地位是董事會內部或下屬的功能組織或部屬，絕不是公司機關。授予的職權僅僅是對董事會的提議權，沒有任何公司意思決定權，結果能發揮的功效，也侷限於資訊揭露等相關機能為止。

第七章

獨立董事

第一節　總論

一、獨立董事制度之機制功效

在現今公司治理機能不彰之情況下，世界各國際出最後一張王牌——獨立董事制度，期許能振興公司治理機能，以防止企業弊端之頻仍發生。

獨立董事成為公司治理制度之基石或根幹，因此要理解獨立董事制度機制功能之前，先得對公司治理制度之目的以及目前之問題等本質，作實際的理解與掌握。

「對企業經營如何監視、規律之一套裝置」是公司治理之一般通俗定義。對於企業在經營上，發生弊端、企業營收等問題，誰來負責監督，如何來糾正處置，對全體股東以及其他公司之利害關係人而言，都極為期待能有一套可行之制度，這是理所當然之事，就此意義上來說，對於上述公司治理的定義，也是可以認同的。

企業是透過經濟活動創出種種經濟價值以及社會價值，而在社會中存在，人們才給予肯定認同。換言之，社會容忍企業存在，企業就得持續為社會創造價值，而經營者是實際實現此種企業責任之推手。

另一方面，企業經濟活動之過程，與形形色色之利害關係人之利害對立是必然現象。公司治理制度是以長期之觀點，為提升企業價值之目的，將與利害關係人間之利害對立，作適當的調整與統合，並同時促使企業組織全體發揮功效之統治機制。對公司治理制度整體理論能正確理解，還不能說是完事，如何使公司治理實際發揮機能，確實收到功效，才是該制度之真實目的與意義。

二、現行法制下公司治理之實像

有關規範公司之法律，最主要的是公司法以及證券交易法，二法對於公司治理如何規定，略加概觀之。

二法上負責公司治理機制之機關，是董事會、監察人、審計委員會以及股東會。上市公司與非上市公司之機關設置不同。首先上市公司，證券交易法規定公司可選擇設置審計委員會或監察人制度（證交法第14條之4）。我國目前以設置監察人之公司為多。非上市之股份有限公司，則無選擇餘地，必須設置監察人。

監察人是對董事之業務執行監察，監察的範圍，是包括對董事之業務執行有否違反法令章程之適法性監察，以及對董事業務執行之意思決定是否合理妥當之妥當性監察，均涵蓋之。

審計委員會之權限大體與監察人相同（證交法第14條之4），只是審計委員會在執行特別事項的權限，受到法律的強化，掌有同意權，如公司財務會計人事任免得獲得審計委員會同意（證交法第14條之5）。審計委員會應由全體獨立董事組成，而何謂獨立董事，通常規定擔任獨立董事者，必須是現在以及過去2年內，未曾任職於該公司或其關係企業之董事、監察人或受僱人，這種規範是期許其於業務執行範圍內應保持獨立性，不得與公司有直接或間接之利害關係。

董事會對董事（包括董事長）之業務執行負有監督監察責任，其構造是基本上由董事相互間，對彼此的業務執行進行監督。舉凡監察人或董事對於經營業務監察，如發現有問題時，可以舉報由董事會處理，但是最終仍是報告股東會，由股東會審酌決定該董事的去留，因此在公司法制上，公司治理之最終負責者是股東會，也就是全體股東。

　　股份有限公司之公司治理，在構造上委由股東及股東會負責，對其地位性來說，是不容置疑的。蓋股東是公司資本之出資者，是公司剩餘財產之請求權擁有者，公司經營的善惡，公司價值的增減，最終的承受者是股東，對股東權益之影響最大也最直接，公司治理之大權落在股東手中，是理所當然的。

　　但是現在大公司向一般大眾以小金額募集，聚少成多的資金吸收方法下，必定形成不特定多數化的股東之存在，如此之股東，不論是經營能力或是參與經營的慾望均無，要求其參加經營或是從事監督監察重任，即不合現實，也難能收效。此後股東會制度之改善，強調股東主權論之抬頭，一再催生股東參與之積極性，但這些作為顯然績效不彰，國內、外一連串企業弊端、事故的頻頻發生，絲毫沒減少，即是活生生之印證。

三、現行公司治理不彰之原因

　　現行法制下，以股東主權之公司治理方式，除上述之適格性問題外，實際治理運作上，也是難題重重。

　　為了維繫企業持續繁榮、解決弊端問題，如何順利將不適任之經營者去除的更迭機制，是公司治理最關鍵的作為。但是這個機制由誰來實現，前述之說明，現行法是要（由）股東來擔任。

　　現實一般企業關於經營之資訊，均掌握在經營者或中樞幹部之手裡。這些人終日置身於公司業務之中，獲有資訊之量與質，均非外人所能比擬。股東原本的經營知識就十分有限，又僅憑公開發佈之片斷資訊，用來對付公司經營人，簡直是小老鼠鬥大老虎，經營者擁有幾十倍、幾百倍的資訊，容易以各種說詞用來反駁回擊，令股東之企圖無法得逞。

　　上述股東主權之公司治理，不合實際，效果不彰，如此之下，只好另找其他辦法。代表資本民主主義之思維運應而生，由主權者（即）股東選任董事以及監察人，代表行使業務執行以及監察權限。現階段，這種機制為世界各國公司法制所普遍採行。但是此制在監察機制即公司治理方面，收效也不盡理想，原因何在？

　　監察人之外部監察，以及董事之內部相互監督、監視之制度，本身並非是無意義之制度，相反的可以說是精心之傑作，值得評價之制度。問題不在制度本身，而是在機能未能實際發揮。更具體說，應是負責者或實行者之資質以及其態度之問題。

　　監察人並不是公司經營團隊之一員，不肩負公司業務執行職責，故監察人對業務執行之監察，本質上是外部監察，即從外部進入經營者的內部監察。但是在經營運作過程中，監察人能收集到經營判斷情報資料十分有限，殊難發現經營之弊端。尤其是，經營團隊在經營上，如實際有違法或弊端時，通常即封鎖訊息，以隱瞞線索，積極防止事件曝光，監察人被孤立在外不得而知，極少有可能獲得明確事證，萬一監察人發現經營者可疑，向董事會質疑時，經營團經營團隊人數之眾多，以及其持有經營情資知識量之雄厚，眾寡懸殊，論贏戰勝的可能性甚微。監察人查明線索獲有確切證據，最後手段就是轉移戰場到股東會，斬首制敵──解任董事，但這種勇氣與操守俱有的監察人存在嗎？最少在我國公司制度歷史上中，能找到的實例，應是寥落無幾。

　　董事相互監督也是理想的制度，董事是董事會構成員，公司經營團隊之一員，置身於公司經營的中樞地位，對於公司經營鉅細靡遺，知之甚詳，由董事來擔任經營監督監察的任務，是最適當人選。

　　對於公司業務執行之董事監督制度，最常見的指責批評，自己所作所為由自己監督，在理論上是矛盾的，監督不能成立，或者是有如球員兼裁

判般，公平性無法被期待。這種批評似是而非，實則董事是針對其他董事之業務執行所進行之監督，而對於自己所爲之業務執行或是共同參與之業務執行，本來就不存在監督之事。而是在董事在董事會參與業務執行之決定時，或是不負責業務執行之實行時，對於其他董事負責業務執行之實行負有監督責任。

董事間相互監督的制度，未能達到預期之效，不見令人認同之表現，毛病出在哪裡？應該釐清其眞實，以便匡正制度。

董事會創設之本意，是經由開會議論以共同決定，收取集思廣益之效果，這是制度正面性的機能，但負面性的副作用存在，也不容輕視。

董事在董事會組織下，共同決定，一起執行，勢必講究相互協調配合之態度與精神，也謂之凝聚力的產生，這是舉凡組織團體冀期發揮效率所必備的條件，是各方所盼望達成的境界。這種狀態、境界愈進展，團結性堅強的共同體自然形成，共同體一形成，組織內外分明，組織成員守望相助、和衷共濟，久而久之，成員在內調和，對外防衛，成爲優先考量的習慣，即是閉鎖社會的出現。即使到此地步，公司經營上發現有問題，董事全體共同努力，配合解決之正常運作，並不是不可期待，應可確信的是，居大多數企業還是能健全的經營運作。惟因閉鎖社會的生態，下述諸種行徑較容易發生：其一，是閉鎖性之本質，在防衛爲優先之考量下，當發現共同體有弊端或違法事項時，不管大小鉅細，群起隱瞞掩蓋，不使醜聞外揚內幕外露，是常而易見之事。

另一種是，個別董事察知其他董事在經營上之不軌違法，自己奮勇積極揭發曝露，形同與其他董事是對立的，與共同體是造反的形勢，意味著不是脫離就是被逐出共同體之命運，終會降臨，若爲明哲保身之計，或是懷著有福同享、患難共濟之想法，頓時態度轉爲消極，打消揭發念頭。

　　還有一種可能就是，個別董事發覺有問題時，想著其他董事也有可能會察覺，就期待其他董事去舉發，自己能少一事、省一事，避免突出招忌，或者也會想著在自己離任之前，問題不會那麼快就爆發，於是對問題採睜一眼閉一眼，能過且過之態度，當全體董事都同採取這種心態，視若無事，安隱的假設，日復一日的演出，最後變成小毛病不治，延誤成為絕疾，施治無策，讓企業毀於一旦。

　　而最嚴重的現象是，我國目前大多數公司最常見的情形，董事長獨攬公司大權，董事之任命權由其一人裁決，每位董事為保住席位，對上司董事長唯唯諾諾，君命是從，為恐尊捧不足，豈敢指摘董事長經營之是非，揭示董事長之惡行妄為。

　　以上這些特殊情形，董事的反常現象，絕對不是經常發生，但是極少的幾個偶發案件，就足夠形成影響經濟社會至深且遠的不幸事件，斷斷續續的再發生，永遠無法遏止根絕，一直威脅著企業社會。

　　由董事對經營之監督監察來達成公司治理之目的，雖存在著上述的現象，但是以現實實踐的觀點來說，公司治理角色之負責者，依然是以董事為最為適當，最能勝任。因為董事置身為經營中樞，掌握經營有關之所有情資，發現並查出經營上之問題最容易。董事是董事會構成分子，有提案解任董事長並參加解任決議之權責，也能將有問題董事提向股東會決議解任，是監督監察目的最直接的實現，也最具有實效的不二人選。但是，對於上述負面的現象，要能全面杜絕其發生，才能達到真實完善的公司治理制度的目的。

　　公司治理機制不健全，並非全是制度設計上的問題，制度是讓執行者發揮預期之機制，整備環境，提供條件而已，制度品質的優劣，取決於執行者的素質。因此董事除了要具有能力、見識外，更重要的是信念、信心以及責任感。這是內在的問題，殊難加以形成規範。

　　董事制度存在的目的，是要求董事一心一意為公司利益著想，並能積極實現。上述的探討，諸現象為何發生，不外乎董事被利益誘惑或與權勢勾結，要不然就是懼於權勢迫害或怕同事的排擠，也就是懼於權勢，溺於財利所致，因此董事要能著實實現其監督監察義務，就須屹立於任何權勢之威脅與排擠中，獨立於任何關係人之利誘與勾結，但是這些都是很難俱備的條件，難以對全體董事都如此要求，只好退求其次，最少占有一定比率之董事必須具有這些條件，期以對瀕死狀態的公司治理招回活力，這就是獨立董事制度創設之催生劑。

第二節　獨立董事的角色功能

一、經營者任免之主導權

　　公司經營有二種型態，一是下意上達，Bottomup之意思決定形式，另外一種是上意下傳，updown之意思決定方式。

　　第一種型態是公司組織之中間管理職位以下之員工持有之意思能往上提報，在層層上報過程中，漸次參入修改，到最高階層時意思決定原形已形成，最後董事或董事長之探決，僅是形式上之追認或順從，故此種經營型態注重意思形成過程，各關係部門間之協調與溝通，因此最高決策者──董事會或董事長之獨斷專橫的情形並不多見。此型態的公司經營，董事、董事會未能強烈演出自己的角色，職責模糊，責任追究也不好下手，又加上共同體閉鎖型環境下，守望相助、患難共濟的習俗，對不盡職責、戀棧職位的董事、董事長加以討伐問責之事殊難發生，幾乎每位董事都是任期終了，圓滿退任，中途解任之案例，確實罕見。如此漫然無為或儼然無能之經營者，被解任之危險完全不存在，埋伏著拖垮公司的危機。解決之策，何處尋得呢？

　　此際正是獨立董事登場發揮實力的機會，具有高度專業知識與歷練，以及敏銳之洞察力的外部第三者之獨立董事，以超然、獨立、客觀的立場介入，對公司經營不振，指摘問題所在，大肆改革，逼退無能無為者，注入新生力，除弊興利；對於公司發生事端，經營瀕臨危機時，追緝禍首，驅逐犯事者，重整經營陣容，讓公司重生復活。

　　第二種經營型態，權力集中於董事會、董事長，舉凡公司經營方針到業務執行細則，攸關經營之業務執行之意思決定，不分鉅細，均由董事會、董事長全包，一旦公司經營發生事端，權責分明。這種經營型態之責任追究，理論上似乎容易進行，但是又因經營者緊握權力，有關情資遭嚴密封鎖，堅壘鐵壁，攻落不易。又因權力集中的結果，就是經濟報酬決定權與人事任免權，牢牢掌握，除非有捨身取義之覺悟的仁義俠客之類以外，決死勇於挑戰者，公司內部人員殊難尋得，實際之責任追究，也就難上加難。

　　此際只好求之於獨立客觀之第三者，即獨立董事之介入來解決。平時，以獨立超然立場嚴格監督牽制，防止董事會、董事長獨善、獨斷、獨行之集權暴走。當弊端發生而造成公司經營危機時，以其豐富經驗、優越理論、充分證據、正確判斷，用以制服獨裁者，去除惡霸，更迭經營政權，促使公司恢復正常運作。

　　綜結言之，對獨立董事寄望的機能，就是平時嚴格監督制衡董事會、董事長正常執行業務，非常時明辨人之善惡、事之是非、斷然扶良除惡、屬行人事任免機制。也可以說是公司治理制度之支柱。但是，獨立董事有另一重要角色，以下特別闡明，喚起注意。

二、保障一般股東利益之使命

(一)獨立董事與一般股東利益之關係

　　「一般股東」用詞並非出自嚴謹定義之正式法律用語，在證券市場上經由股票買賣，其持股可能經常流動，而且對公司經營不具影響力之少數股東，通常被學界以及證券界以「一般股東」稱之。股東對公司能控制支配或具有影響力者是大股東，而不屬於大股東之另類股東、個人股東或機關投資者，均視爲「一般股東」。

　　圍繞著公司眾多利害關係人中，唯獨對一般股東之利益需要有代理人之存在，其理爲何？

　　公司關係著眾多的利害關係人，股東、債權人、交易相對人、員工、顧客等皆是。這其中股東有下述兩點理由，必須與其他利害關係人區別開來：

　　第一點，特別是股東對公司不存在交涉力，股東對公司履行出資義務之後，就只能消極等待公司配息分紅之支付而已，並無請求交涉之積極權利。但反觀其他利害關係人，例如公司不支付貨款，則交易相對人就可主張不交納商品，交易相對人對公司即能行使如此交涉力。

　　第二點，股東對公司出資之回報無任何保障，公司不解散，就不會有剩餘財產之分配，公司營業無盈餘，則無配息或分紅。其他的利害關係人則獲有他類法令之保護，如交易相對人將商品交納，貨款之受領就被確保。

　　以上情形是泛股東均共通如此，就因爲如此問題之存在，才賦予股東在公司之最高意思決定機關——股東會中，擁有表決權，因此，支配股東

或者大股東就能以此力量為背景，對經營者施壓力，影響公司之經營。但是，一般股東並不具備這種影響力。對公司來說，一般股東是重要的出資人，其存在是不可或缺的。上述的分析，能明顯看出對一般股東利益之考量或照顧，均是短缺或不足的現象，鑒於此，一般股東才有利益代理者之需要。

一般股東的利益並非一種特殊利益，一般股東之利害關係除與公司間存在外，再無任何利害觀係存在，光靠公司之企業價值獲利而別無他途。如此之獲利與其他股東是共通一致，不妨說是全體股東之共同利益也無礙。

又上市公司之企業活動，是以提升企業價值之目的而運作，由此觀點來說，一般股東之利益，通常情況下與公司之純粹利益也是一致的。一般股東之利益雖然與公司之利益基本上是一致的，但是很稀少的例外狀況下，兩者的利益也有對立情形。譬如，公司購買少數股東股權時，支付股金越高，對少數股東即一般股東是利多，反之公司流失之現金越多，對公司就越有損失。

或許你會問：獨立董事以外之一般董事，不能為一般股東代辦護利嗎？上市公司全體董事以及監察人，受股東付託負責提高企業價值之使命，不管是獨立董事與否，均應為一般股東之利益考量，參與上市公司意思之決定。但是一般董事因身處董事長指揮命令系統下，一邊為調整自己親身之利害關係，一邊推進業務執行，致使為企業價值提升必須常時堅持之客觀性意識與意志會失落，更難期待其為維護一般股東之利益而盡心費神。基於此，上市公司之董事會在意思決定過程中，需要有以客觀公正的觀點陳述意見之執行者，來確保一般股東之利益，此即為獨立董事之角色。

上市公司的事業展開，交易對方、公司員工、地域社會等一般股東以

外之利害關係人的協助是不可或缺，沒有這些人的支援，公司想要維持持續收益，提高企業之價值，簡直是緣木求魚。因此，公司對這些利害關係人之利益考量是必須也應當的。但是，利害關係人種類眾多，利害關係也並非全體一致的，偶而會有面臨一般股東之利益與其他利害關係人對立，而其他利害關係人之利益獲有制度上的保障或安排者居多，唯有一般股東孤獨無援，因此需要獨立董事挺身而出，維護他們的利益，始能對環繞在公司四周之利害關係人，調整全體利害的平衡。

獨立董事在董事會之意思決定過程上，為一般股東利益代言代辦，是制度期待之所在；實現此目的之前提，必須排除經營者以及其他利害關係人之控制與影響，站在客觀的立場上，為一般股東利益著想，因此獨立董事是獨立於經營者利益以及其他利害關係人利益影響之外之特定董事。但是，對於獨立董事之期待並非只特別針對其要求之事項，上市公司之一般董事均被要求須考量一般股東之利益，此為董事職責之一，只是獨立董事比較能勝任，而特意指名成為一般股東利益之守護者。

獨立董事人數是1人或少數人，因為人數太少，批評其作用機能有限之聲音甚多。確實獨立董事之人數是極少數，在董事會意思決定時，能發揮多大影響力，值得懷疑，預期能獲得如同海外獨立董事般之監視機能，也顯然是過分期待的事。道理雖然如此，但是獨立董事即使只有1人，也能有所作為。在董事會等公司意思決定之局面，獨立董事可促使加入一般股東利益保護之考量，經由積極的質問審閱及確認，可為重視一般股東利益之氛圍造勢，形成獨立董事在此事項上，是舉足輕重之關鍵性一票，令獨立董事所擁有的極少數之決議權，將其影響的效力發揮到極至。

獨立董事最少1席是最低限之制度，每一上市公司之規模、業態、股東構成等公司之性質不同，各個公司之最合適統治體制當然有別，獨立董事席次需要多少，方能發揮機能功效，應由各個公司以自治的原則，衡酌本身條件與需求而自主決定。從公司治理角度來，獨立董事體制建構，合

宜恰當人數之決定，也是經營者忠實與善管注意表現的態樣之一。

　　獨立董事制度如前所述，設定為一般股東利益之保護，則對一般股東以外之其他利害關係人是否無任何效用？公司之眾多利害關係人中，以權利保障順位排序，最後順位之一般股東利益如已受到保護，即意謂著交易相對人、公司員工等其他利害關係人之利益，也已受到保護在先。一般股東之利益並非建構在犧牲其他利害關係人之基礎上，兩者也不是利益對立或矛盾之關係，相反的，當一般股東之利益獲得保護，對其他利害關係人之利益確保以及公司經營的績效，應該都是正面性的貢獻。

　　再者，獨立董事對於董事長以及其他董事之全體經營陣容，也是一有益之角色。譬如，董事長或其他經營者之業務執行，因任務懈怠致使公司受到損害時，依公司法規定，必須對公司負賠償責任。而有否賠償責任，其前提應先判斷有否任務懈怠；其判斷基準是針對業務執行時，是否已盡到善良管理注意義務而定。具體判斷內容是按業務執行當時所處情況下，對資訊蒐集、調查、檢討與判斷，是否合理的進行。獨立董事以提升企業價值的立場，從保護一般股東利益之觀點，指摘、分析問題點，讓董事會成員都有問題意識，深入研討、集思廣益、形成共識，意思決定即成。如此即能十足主張，對業務執行之資訊蒐集、調查、檢討與判斷，已合理進行，充足了善管注意義務之要件，可免於負責。

(二)保障一般股東利益之應有作為

　　證券交易法規定之目的，發展國民經濟，保障投資，獨立董事是證券交易法上之制度，獨立董事當然也是為此目的而創之制度，獨立董事因而負有保障投資者之使命。

　　換言之，「一般股東」是證券市場上，流動資本源源不絕提供之重要利害關係人物，對於這群浮游無依但具關鍵性存在的一般股東之利益，應

給予適當的保護，是不可或缺的任務。然而能落實此任務之公司機關，向來未特別安排，因此新創了獨立董事制度，寄望能達成此任務。

　　上市公司之董事會進行業務執行意思決定之際，獨立董事以維護「一般股東」利益，陳述必要意見等積極行動，為爭取「一般股東」利益挺身，把被冷落已久之一般股東拉上臺面，坐進公司利害關係人之調整桌椅上，這就是證交法創設獨立董事之寄望與期待。

　　綜上分析，已清楚明瞭獨立董事負有雙重使命：其一，是公司經營要求健全以及效率，亦即擔任公司治理所追求興利除弊之保安官機制；另一項是維護上市公司一般股東利益之守護神角色。要達成此雙重任務，獨立董事之身分、資質條件以及行動準則、行為規範等應如何設定，以下逐一加以詳述之。

　　設想證交法導入獨立董事制度，是期待獨立董事出席上市公司董事會，在採決業務執行之局面上，為維護「一般股東」利益挺身而出，為「一般股東」陳述必要意見等積極行動。為維護「一般股東」之積極行動說來容易，但是要如何具體轉為實際行動，又其獨立董事之行動是否要有別於一般董事，疑點叢出，問題繁多。

　　照一般論，上市公司之企業活動，是指望著持續獲益，提高企業價值為主要目的之連續經營行為。只要能提高企業價值，對一般股東之獲利也相對會提高，一般股東的利益與上市公司之利益通常是一致的。

　　上市公司之董監事職責，基本上是為提高公司之企業價值而行動，本質上獨立董事也是董事，固無法別於其他董事，賦予特別職責義務。但是觀之實情，一般董事通例是在董事長指揮之下，從屬性的遂行業務。如前所述，客觀上，要有效的達成一般股東的期待，實屬困難。加上上市公司之一般股東，每位股東之持股比率微小偏低，使不出對公司影響力，在公

司經營上對眾多利害關係人之利害調整考量過程中，往往被輕忽或遺棄的就是這一群弱勢的一般股東，也就是說一般股東位居難於受到適當照顧之組織結構中。再度強調，有鑒於給予一般股東適當妥切利益保護之目的，必須有積極行動者在上市公司董事會之意思決定形成過程中，肩負達成此目的之任務，此乃證交法上所以設計獨立董事制度之道理。

獨立董事的充任能適當維護上市公司一般股東的利益，仗義直言、積極推動，讓一般股東在公平、公正原則下，分享應有的利益。特別是在經營者主導之企業併購（MBO）、併購防衛策略的導入，以及第三者承購增資股等議題上，上市公司之經營者與一般股東之間利害尖銳對立局勢下，其重要性就更為顯著。

獨立董事在上市公司董事會臨會之際，必須為保護一般股東而行動，具體應如何行動，應留意那些事項，對於董事會個別議案之留意點，留在後面各論編詳述之，在此僅就獨立董事為維護一般股東利益於執行業務時應留意之一般性事項，加以提示如下：

1.對一般股東利益之考量是否充足

獨立董事會面臨董事會意思決定之局面，對於一般股東利益之考量是否充足，應有讓出席之董事，能普遍共同認知之積極行動。例如，在設備投資等新的投資方案作意思決定之際，應以該項投資決定能否有效提高企業價值之觀點，客觀、合理的判斷，是參與決定者之應有的基本態度。

綜合一般股東觀點來說，該項新的投資，能否創出高於投資成本之利益，是唯一期待的指標。但是，「一般股東之觀點怎麼看？」這個考慮在一般董事是不會特別去留意關心的。因此需要獨立董事在會場上，透過質詢，要求經營陣容的說明，反覆確認是否一般股東之利益受到保障，若發現不明或遭忽視之情況，應即阻絕議案之推進，促請重新檢討，一心一意為一般股東利益著想，正是證交法指望獨立董事扮演的角色。

　　獨立董事接二連三的持續爲一般股東爭利益，終局會使一般董事習慣考慮一般股東利益，此種思維轉變成常態化，將導致對公司事業目的遂行以及企業價值之提高，如此公司之意思決定，必能處處都合理，件件都見效的結果。

2.必要資訊是否提供齊全

　　上市公司意思決定局面，一般股東利益有否被考量到，充分取得判斷評價所需要之資訊情報，是基本要件。當董事會提出議案，獨立董事一開頭就要愼審即要確認：對一般股東利益之考量是否充分，評估憑據之資訊有沒有齊備，如發現有不足之疑慮，立即提問徵詢，確認充分足夠，並已全盤掌握理解，始能進行合理的意思決定。

　　先前所舉之例，在公司新的設備投資之意思決定局面，以提高企業價值之觀點決定是否合理，端視投資計畫所創出的利益規模之有關情資，以及所創造出來的利益規模是否高出所投下資本之有關情資，是此投資決定所需要必備。例如設備投資之創立計畫是否確實達到收益會大於成本，可預測風險之防範是否周全，掌握情資顯有不足或判斷流於輕忽或過於樂觀之虞時，毅然要求補足情資訊息，並對計畫之前提條件清楚交代，方能獲得合理決定。

　　然而情資收集也是董事責任之發生之關鍵性要素。雖然，董事責任之司法審查方法，並非全歸一致，但是居多之裁判例，其審查論理係依「根據實際作出之經營判斷，來論斷董事責任之際，董事對於事實前提有否因不注意而產生錯誤認識，又是否在意思決定過程，犯上顯然有別於一般企業經營者之不合理決定」之觀點，如此展開審查。很明白的事，董事責任出自於是否經營判斷具有妥當性，亦即「有否顯然之不合理」爲論點，而其前提之事實認識僅止於「不注意之錯誤」之考量，因此經營判斷之前，首先對於情資訊息之蒐集，要謹愼周全且恰當。董事之提問、質詢等確認之舉止，是對董事自我保身之良策。

3.理解一般股東的聲音與期待

　　獨立董事立足於完全理解一般股東之期待與需求之前提而行事，爲此，獨立董事平常就得高敏感度的，去理解一般股東之聲音與期待。對此獨立董事可採取之具體行動爲：例如儘可能出席參加上市公司與投資者的交流活動（如決算說明會等），直接聽取一般股東的心聲；或是經由公司定期的IR行事，間接的掌握一般股東的期待。

　　再者，股份有限公司的基本原理是，公司對外從事經濟活動獲取利益，並將獲得利益分配給構成員——股東。換句話說，股東的投資行爲是以接受公司之股息、紅利分配爲目的。獨立董事想要充分理解股東的需求，對於股東投資理論之基礎、金融投資理論等專業知識的充實，也是必要而且是很有用的作法。

4.獨立董事機制充分發揮之環境設備要求

　　獨立董事要適切的做到保護一般股東利益之任務，首先要取得的條件是，其他董事、經理人以及員工們對獨立董事之立場以及任務之理解與支持，並且能適時適切傳遞訊息給獨立董事，公司內部各部門的連絡協助、輔助人才（指獨立董事的助理人員）的確保等體制上的整備，是不可欠缺的條件。獨立董事應促使公司將體制整備完全，公司本身也應主動完備體制。

　　該體制的建構並不能要求所有的公司皆一律相同，各個上市公司依據各自採行之公司治理原則，各自創意發揮才能獲得實效。在具體構建時，以下各項可作爲參考：

(1)獨立董事對於提送董事會之決議案件以及重要報告事項，需要充分把握與理解，才能爲一般股東利益作適切的行動。鑒於此，要提送董事會議之決議案件以及重要報告事項，應有事先對獨立董事詳細報告機制之建構。

(2)獨立董事爲保護一般股東而能適切行動，必須有人手以及體制的
　　支援。基於此，上市公司應建立內部稽核、內部管理部門能適時
　　適切提供資訊，並且緊密協助之機制。

(3)設有複數獨立董事時，業務執行相互間的協調協助是效率提高的
　　有效手段。鑒於此，建構並確保獨立董事間之定期開會、意見交
　　換等機制。

(4)獨立董事爲了蒐集充分之資訊，有必要與其他董事、監察人、會
　　計師以及經理人等定期開會交流，此種機制之確保建構，也是重
　　要的手段。

第三節　獨立董事之職責

　　董事身爲董事會構成員，爲提高公司企業價值而盡責，在參與公司
經營之意思決定具體職責之同時，得對其他董事之業務執行負有監督的雙
重法定義務。參與經營意思決定之際，認識有重大問題點存在，卻讓議案
輕率表示贊成或放任通過，會有發生善良管理人注意義務違反之問題。再
者，對於其他董事之業務執行，認識或能認識存在著問題，不要求召開董
事會或不在董事會上指出問題，提請討論，設法阻止問題發生或擴大，即
是監視義務的違反，也會構成善良管理人注意義務違反之問題。

　　獨立董事本質上也是董事，同樣在經營意思決定參與之局面與其他
董事是否適切業務執行之監視局面，負有雙重法定義務與一般董事沒有差
別，由此發生獨立董事之責任，此即董事之風險，也是責任之所在。

　　以上是獨立董事職責的一般說明，獨立董事之執行職責之具體內容應

如下述：

一、平常時之任務

　　法律導入獨立董事制度，對公司以及董事會帶來變化，即經營效率與透明度的提高。如此自然地投資者對公司的評價提高，企業的價值也隨之提升。但是這是獨立董事制度本身效能的作用，並非獨立董事的積極作為而產生的功效。對於企業業績之向上，企業價值之提升，獨立董事平時的實際積極作為可有兩個可為的面向：其一是經營者（一般董事）企圖提升企業價值，必須為經營計畫之策定與實行，但這個業務，基本上是經營者的任務，經營者在本於權責下自我實現的任務，因此獨立董事是被安排為經營之建議者，從旁提供意見與智慧；另一是，經營者的經營是否有導致企業價值上升的成果，必須施以客觀且公平的評價，評價結果應揭露公開，資以促使更上一層的提升，這個工作由獨立董事擔任，是最適切人選，也是對獨立董事寄予最高的期待，唯獨立董事始能勝任，蓋對經營者沒有獨立、客觀性的一般董事，若有其評價，只會做出迎合性的評價，是勢所難免。再者，一般董事往往本身參與經營，則球員兼裁判，非客觀又不公平的評價，也是必然結果。獨立董事角色之存在，對企業價值提昇是必要且有益的。以此觀點，獨立董事存在對於董事會是何其重要，獨立董事制度基本意義之一，即在此。自己所作所為受第三者評價，任誰也不樂意接受是人之本性，就如同學生厭嫌考試，以同理心來看，不樂意、厭嫌之事，任由本人自主，難以成事，外加壓力促成是必要的。獨立董事制度之導入與否？任由公司自主決定，殊難期待，所以，設置獨立董事法定義務化之理由即在此。

二、異常時之任務

　　在公司經營的過程中，異常情況是不會太多，要是頻繁發生就非正

常，因此獨立董事以遂行平常時之職責爲首要，是不在話下；但是，在異常情況發生時，獨立董事被期待的特別任務之具體內容，應爲如下：

　　所謂公司經營上發生異常，是指公司發生不祥事件、業績顯著惡化、經營人獨斷獨行，或是經營陣容內爭惡鬥、經營呈現混亂狀態等等。所謂「養兵千日，用兵一時」，此際正是獨立董事登場發揮功能之的時刻，排除以往公司內外之牽連依附關係，以及業界的弊習惡俗，斬釘截鐵地改革翻新，再造公司，此時唯一適任者是獨立董事。誠然20年、30年間長期主宰或輔助公司業務執行之一般董事，對於公司經營上的小細節或公司的修修補補，屬於動作輕的作業，或許尚可期待；如想要大刀闊斧地扭轉公司命運式的大改革、大動作，一般董事則絕對無能爲力。

　　獨立董事要有效發揮功能，平常就得對下述幾項事，多加演練與琢磨，方能適時奏功收效：

1. 對於公司的事業、業務，所可能發生種種風險之評價是否十分充足，又其風險之對策是否週全有效。

2. 公司經營決策是否產生於一般董事間同流合污，通謀共犯，或是卑躬曲膝、唯唯諾諾般順從董事長一人之己見等情況，亦即董事會的決議是在一般董事不守本位，未曾盡責的情況下所做決定。

3. 異常事件發生時，正需要的是獨立董事的作爲，異常事態一旦發生，對應措施內容以及防止再發之對策是否備妥，能立即派上用場。

　　有備無患，平常就對異時事態發生，如何對應收拾、用心注意、時時不忘，即能早期收防患事態發生，又可在事態發生時，能不自亂手腳，從容地且井然有序來處置。

第四節　獨立董事運作實例探討

　　下面列舉數項公司提出重要議案時，獨立董事在董事會中應如何進行盡責的積極作為：

一、董事選任議案

(一)總說

　　一般股東均自認持股不多，對公司經營起不了有意義的影響力，無奈的交出「空白委託書」，全面交給公司經營者去處置，仍然是時下上市公司股東會董事選任之重大決議案上，一次又一次重演的老戲碼。

　　一般股東對於董事候選人之人格或個性特質，沒有直接了解的機會，僅能依其經歷、性別、國籍等形式性的因素做判斷，殊難確保選得真正會為一般股東維護利益的人選，造成一般股東對公司投資猶豫或卻步的消極態度。

　　獨立董事是一般股東利益之代辦、代言人，是一般股東殷切期待的保護者。能否選出實質上、外觀上，均具有充分獨立性的獨立董事，是至關重要的。

　　決定向股東會提議之董事選任議案，依公司法規定是屬於董事會專有權限，董事會對於經營者——董事之業務執行是否適切？是否有效率？可做評價，其結果係以董事之選、解任以及報酬決定之方法反映，並用以施行監督機能，因此，股東會被視為是公司治理的關鍵機關。

　　董事會提案股東會審議董事選任案之際，站在一般股東之立場，應留

意那些事項，依什麼考量進行審議，以下就幾項重要事項，加以論述：

(二)董事會之人數及其構成

　　上市公司之規模，事業態樣多型多樣，董事會需要多少的人數構成，才是適當水準，絕非理論所能決定。適時機敏的意思決定，以及構成員間既能和諧相互協助，又能對立牽制相互制衡，是董事會運作的最佳寫照。爲達到此目的，各公司按其規模、業態，自主、自治的構築，才是正道，也才有意義。

　　董事會應有幾席獨立董事，占有比率多少，是必須考慮的要素之一。我國公司法對於獨立董事無任何規定，而是屬於證交法上的制度。該法第14條之2第1項規定：「已依本法發行股票之公司，得依章程規定設置獨立董事。但主管機關應視公司規模、股東結構、業務性質及其他必要情況，要求其設置獨立董事，人數不得少於二人，且不得少於董事席次五分之一。」原則上，我國關於獨立董事設置之規範並非強制，僅針對但書規定之特定公司（是指金融控股公司、銀行等以及資本額達一百億以上之公司）要求其應設置獨立董事。獨立董事設置之席次應多少方是適宜妥當，端視公司規模、股東結構、業務性質以及其他必要情況，綜合評估後決定之，以能充分維護一般股東利益爲主。設置獨立董事，雖非對上市公司全體強制，但以獨立董事是一般股東利益之代言代辦者，一般股東期待至殷之思量，上市公司章程規定也應自主自治設置爲妥。

　　近年諸多外國攸關董事執行話題，是董事會的多樣性（diversity），董事會由週遭親近或公司內舉人選構成，必是偏窄、單調的人事佈局，達不到遠近兼顧、面面俱到的經營績效。董事會的構成員、年齡、性別、國籍、人種等等多面、多樣性的編組，經營上富彈性的思考，周全性的措施，方能對董事會健全的營運有所期待，這也是現代變化無常競爭激烈的國際社會上，企業能生存不滅之所依據。證交法安排獨立董事進入董事

會，也是呼應董事會多樣化需求之制度設計。實際上，我國上市公司，不僅在國內，於全球事業展開進程中，董事會的多樣化、國際化一步一步的往前推進之先進公司，已零星的在出現。

　　獨立董事之設置縱使非強制性，公司也應自主自治優先設置。設置之際，對獨立董事之職責，以及獨立董事所要求的資質最瞭解者莫過於擔任過獨立董事之經歷者，為此獨立董事之選定，現任的獨立董事應積極參與，適格者之推舉，候選人選評，如獨立性有疑慮等，均應主動積極表明意見。尤其獨立董事候選人獨立性有關資訊，對股東行使表決權是極為重要的資訊，應設法利用各種機會公開發表，例如股東會召集通知、投資者說明會、決議權行使助言機構組織等，有直接對話的場合，適宜適切的公開介紹說明。

(三)獨立董事的獨立性

　　獨立性的判斷先舉個實例說明，在某上市公司（A公司）之母公司（B公司）上班之員工X，當不了A公司之獨立董事。B公司和A公司的少數股東之間存在著潛在性的利益相反關係。尤其在B公司將A公司完全子公司化時，其利益相反關係立即顯現化。A公司的獨立董事是A公司一般股東（當然包含少數股東）的代表人，被期待著為一般股東利益最大化行動，B公司之員工X也要承受這種期待是過於苛求，最少程度來說，X抗拒雇主B公司，只顧A公司一般股東之利益是不合常理的期待，尤其是股東、投資家與X間素無關係存在，作如此的期待，更是不可思議。這種謂之無外觀上獨立性。

　　外觀上獨立性是指該人呈現出來，外部可觀查到之經歷、地位、環境等關係，作為判斷有否獨立性。當然，在外觀上不具獨立性，卻仍依然為一般股東的利益積極維護者，也並非全無，所以有人主張與其重視外觀上的獨立性，倒不如追究實質上的獨立性有用，這也是很自然的事。但是，

每位獨立董事在實質上有否獨立性，外部之股東、投資家並無法獲知。蓋實質上的獨立性是個抽象性的概念，事先無法確認，要股東、投資家深信不疑，安心投資，也不合常理。因此，實務上，會發生利益衝突疑慮之關係人，亦即欠缺外觀上獨立性的人，事先排除其為獨立董事選任候選人，仍是現行制度的做法。獨立董事也有直接定義為「與一般股東之間無利益衝突發生之虞之董事」，近時會跟一般股東利益衝突之虞關係係已被類型化，並將其類型法定化，我國立法也仿照之，在公開發行公司獨立董事設置及應遵循事項辦法第3條規定甚詳：

「公開發行公司之獨立董事應於選任前二年及任職期間無下列情事之一：
　　一、公司或其關係企業之受僱人。
　　二、公司或其關係企業之董事、監察人。但如為公司或其母公司、公司直接及間接持有表決權之股份超過百分之五十之子公司之獨立董事者，不在此限。
　　三、本人及其配偶、未成年子女或以他人名義持有公司已發行股份總額百分之一以上或持股前十名之自然人股東。
　　四、前三款所列人員之配偶、二親等以內親屬或三親等以內直系血親親屬。
　　五、直接持有公司已發行股份總額百分之五以上法人股東之董事、監察人或受僱人，或持股前五名法人股東之董事、監察人或受僱人。
　　六、與公司有財務或業務往來之特定公司或機構之董事（理事）、監察人（監事）、經理人或持股百分之五以上股東。
　　七、為公司或關係企業提供商務、法務、財務、會計等服務或諮詢之專業人士、獨資、合夥、公司或機構之企業主、合夥人、董事（理事）、監察人（監事）、經理人及其配偶。但依股票上市或於證券商營業處所買賣公司薪資報酬委員會設置及行使職權辦法第七條履行職權之薪資報酬委員會成員，不在此限。
公開發行公司之獨立董事曾任前項第2款或第6款之公司或其關係企業或與

公司有財務或業務往來之特定公司或機構之獨立董事而現已解任者，不適用前項於選任前二年之規定。

第一項第六款所稱特定公司或機構，係指與公司具有下列情形之一者：

一、持有公司已發行股份總額百分二十以上，未超過百分之五十。

二、他公司及其董事、監察人及持有股份超過股份總額百分之十之股東總計持有該公司已發行股份總額百分之三十以上，且雙方曾有財務或業務上之往來紀錄。前述人員持有之股票，包括其配偶、未成年子女及利用他人名義持有者在內。

三、公司之營業收入來自他公司及其聯屬公司達百分之三十以上。

四、公司之主要產品原料（指占總進貨金額百分之三十以上者，且為製造產品所不可缺乏關鍵性原料）或主要商品（指占總營業收入百分之三十以上者），其數量或總進貨金額來自他公司及其聯屬公司達百分之五十以上。

第一項及前項所稱母公司及聯屬公司，應依財團法人中華民國會計研究發展基金會發布之財務會計準則公報第五號及第七號之規定認定之。」

　　以上該條所列舉之形式基準，具有所列條件情況者，不具有外觀上的獨立性，不適合就任獨立董事，這種形式上的判斷，絕無進一步意謂，無上述所列基準條件者即是無條件的獨立董事適格者。這種形式要件，僅僅是便宜措施，實質上，候選人之獨立性有否，是有必要檢討深究，但要確實做到也絕非容易之事。又上述列舉的基準，是否將阻礙獨立性事項均已網羅無餘，仍然存有疑慮。

　　本書在前面章節中（獨立董事的職責）已敘明，獨立董事在上市公司董事會之意思決定場合，站在一般股東利益保護之立場，陳述必要意見，積極主張，如此主動作為是一般股東以及投資家所期待。

　　一般股東、投資家所能期待之獨立董事，最低必要條件，設定在為一般股東利益，不會因受其他利害關係人（例如母公司、交易相對人）、

銀行機關或者債權人之利益考量，而受到影響，當然更期待的是實質獨立性，如對公司握有實權者或執權派之言行，唯諾是從者，就不容由其擔任獨立董事，只因對此種實質性之要求，無法設定基準，作為事先篩選的判斷標準。

　　董事會提名獨立董事候選人之時，獨立董事應以此認識與觀點，積極參與選任作業。

(四)決議權行使助言公司以及機關投資家（投資機構）之資訊利用

　　一般投資者對多數家上市公司進行投資，同時擁有多數公司之股東會決議權，個別公司股東會提出之各個議案，每個議案應贊成或反對都加以深入檢討，殊為困難。又股東會召開日期過分密集於同時間或同時期，分頭應付出席各公司之會議都難以奔波，對每個公司各個議案贊否之檢討，更是無法應付，有待給予幫助解決，如此際遇，決議權行使助言公司就因應而生。時下先進國家這種公司的助言建議，加上機關投資家（投資機構）的意見，很受一般投資者的歡迎與採用，影響深又廣。獨立董事對議案判斷時，也應善加利用，並設法積極提供公司股東參考。

二、董事長選任議案

(一)一般股東的立場

　　何種人物當選董事長代表公司，其演出的效果影響公司至鉅，尤其我公司法採行董事長為公司唯一的代表，情形更甚。董事長之選任，對於公司的所有利害關係人都是重要且重大之事。站在一般股東的立場，董事會對董事長之監督能否有實效性，是一關係重大的關鍵事項。

　　在董事長選出的過程中，將討論內容全部公開，或許會有損害公司利

益之顧慮，所以多數公司向來採行秘密行事者居多。但是，由於重大弊案而改換董事長或既定的經營方針有出人預料之變更時，這種「到底是怎麼一回事」的疑義，會讓一般的股東感受到不安，將選任的過程公布，用公開的資訊來消除猜疑，以取信於大眾的方式，才是上策。如果董事長選出的過程不全面公開時，獨立董事受任代表一般股東確認選任過程之適當性與合理性，並作出交代，也是一般股東之期待。

(二)董事長選任、解任的意義

董事長的選任、解任權限在董事會，新董事長足以提昇公司企業價值的人物，是當然之必要條件；即使是被認為適當人選，其選任的過程也須要注意去檢視。

獨立董事有別於一般董事，眾多一般董事大多兼任董事長下屬之業務執行者之地位，受制於董事長，而獨立董事則無此種關係，能暢言一般董事之不敢言者或為其所不敢為者。反之，獨立董事因公司業務涉入不深，公司內部情況與人際關係均疏遠無知，當公司重要的決定，在內部形成對立時，「那方的主張才是正確？」殊難判斷。此際，獨立董事對於議案之贊否須判斷所需之情資是否充足，是否殘存經緯不透明的地方等先前基本條件，應求完備，若尚有不足資訊，力求其補齊，追根究底後再行成熟之判斷，戒於匆促草率下判斷。

再者，董事長之交接是媒體聚焦題材，同時會影響投資者的投資判斷，董座交接決定，儘早將內容適時公布或提出臨時報告書。特別是在非任期終了，緊急而非常態性的替換董座時，被操作為「解任劇」、「內部紛爭」之報導，帶來公司的不良觀感，影響外部的投資判斷。獨立董事於此情況下之公開應對，會是關鍵性之舉止。

(三)人事交替戰略計畫

　　何等優秀，無比貢獻之董事長也無法永久占位不讓，交替讓位給後繼者之日子終會到臨，既然如此，早日著手準備，策定選拔戰略計畫，精挑嚴選，招來一位賢明能幹的下一代公司領導人，乃公司之幸，也是股東之福。

　　董事長之候補人，事先選拔並長期培養，為此，先進企業公司導入幹部候補人才早期選拔教育之制度，已非稀有之事。

　　設置提名委員會之公司，提名委員會主掌董事、監察人選任、解任議案的決定權限。設置監察人之公司，則由董事會直接提名，獨立董事參加董事會或提名委員會，積極參與選定作業，使容易陷入黑箱作業之董事長人選透明化、公正化，至為重要。長期獨裁董事長的重大背信行為被發覺，以獨立董事為中心，奮起發動罷免，獲得全體董事一致支持，成功換掉董事長之先驅事件有之。

　　甫才就任不久之董事長，迅即遭董事會決議解職，公司對外說明的理由是董事長之經營理念方針與公司原經管團隊乖離不合。爾後，獨立董事察覺其中蹊蹺，暗中細查辨明真相，原來是董事長就任後，發覺公司會計作假，立即進行調查，危及董事、監察人，反遭無情反撲，除之為快。獨立董事查明事實，追究參與造假之全體董事、監察人責任，迎回被解任的董事長，經管團隊全面改組之事例也有之。

　　董事長解任議案在董事會交付議決時，獨立董事對於事情來龍去脈，殊難獲知，又情資常被咨意不為提供，當場要為正確合理的判斷，確實非常困難。因此，獨立董事務必堅持態度，要求提供充足的情資，否則即要求董事會延期決議或者提出異議反對。這也是因為獨立董事對公司內情鮮能詳知之立場，而能堅持的作法。

三、董事、監察人報酬議案

(一)議案摘要

　　各董事、監察人報酬如下：

　　董事長　　　　　每月金額○○○元
　　董事（5名）　　每月金額總計○○○元之範圍內委由董事長分配
　　獨立董事（1名）每月金額○○○元
　　監察人（1名）　每月金額○○○元

(二)一般股東的看法

　　董事報酬攸關公司經營成效，影響重大，對於一般股東是重要關心事項之一。大部分股東會關心之理由，因為會直接反映在公司經營績效層面上。假若，董事的報酬與公司的業務脫勾，要想提升公司業績就顯然欠缺誘因，一般股東會很直覺的認為公司營運效率不良，對公司未來前途蒙上一層憂慮不安。報酬是金錢授受之事，很難說出口，這是社會一般之常情，董事之間都會戒之、避之。此時，獨立董事本著自己職務的設計，是公司治理制度之重要一環，就要正面切入，堂堂正正光明正大的加以議論。

　　報酬決定的程序是否遵照法令等進行。董事報酬的決定權限在章程或股東會，但是為迴避股東會重複決議之麻煩，大多一次作決定後就一直沿襲不改；又最能正確把握各個董事的報酬者，應非董事長莫屬，所以股東會或章程做總額的決定，細部的分配則委由董事長處理。

　　而董事報酬與一般員工之報酬儼然有別，但社會通識並未加以明辨，尤其是由公司員工內舉登上董事、監察人地位者，屢屢以員工依年功序列給付薪酬的辦法，延伸去處置董事報酬，或者拿前任者之給付辦法沿

襲照辦，完全忽視報酬與董事擔負之業務內容、經營環境以及經營計畫，與實績連動之必要性，更未理解董事報酬制度是公司法理原理之重要構成要素之一。

(三)董事報酬之意義

董事報酬決定影響公司全體之經營。固定報酬成分高之董事報酬方法，可收抑止冒犯高危險致使公司受損之效果。反之，董事報酬按公司營業年度的業績比率計算給付，此種給付方法，意涵著獎勵董事領導公司全體努力衝業績之作用。由此得知，公司經營方針與董事報酬關聯性極高，務必慎重加以檢討立案。舉個很容易明白的例子：常年以來採用固定報酬制度之公司，董事們一時奮起挑戰新事業，縱使成功也得不到相應的報酬，但是萬一新事業失敗，將會面臨解任或降職之命運，「不求有功，但求無過」、「多一事，不如少一事」之董事，其積極性必定降低或萎縮。

報酬對董事是很露骨的利害關係，自己很難啟口主張，尤其高風亮節之人或正直之士，對於報酬方案並不會計較，任由董事長決定或遵從慣例，反而喪失報酬制度獎勵賞罰之意義。獨立董事居於客觀中立立場，可自由陳述意見之特權，衡量公司經營狀況，審視並評價各董事之貢獻程度，進而裁定各位董事之應得數額，如此對報酬方案提供公平、公正的意見，至為需要。

董事報酬方案除了經營面之考量之外，還有另一檢討面。經營與所有分離原則之實現而發生資本成本控制之重要課題。就經營成果（盈餘）的支配來看，董事報酬支付之部分就是股東分配所得減少之部分，經營者與所有者股東間之利益，在這方面是對立的。一般股東之代表人獨立董事，對於董事報酬方案之選定，務必付予最高的注意與用心。

美國董事報酬向來以業績連動方式為主，被指摘為造成2008年金融危

機重要原因之一，又美國董事報酬是全世界超高的水準，並且居高不下，鑒於此，導入了股東會決議制度後，迅即出現了花旗銀行董事報酬案被否決的指標性新聞。

日本情況則習慣於固定式，前規後續，代代因循，顯然喚不起董事的進取心，也被評為日本經濟20年低迷不振的理由之一，近期已略見極少數公司採行業績連動式，有糾正過往之趨向。

我國略勝日本，但也以固定式為主流，也應考量改換為業績連動式，使報酬制度之真正意義活現。又業績連動式試行時，員工股權授與制度之併用，當可更加顯現效用。

(四)獨立董事自身之報酬方案

獨立董事報酬方案之策定，最先考慮的事情是不能損傷董事之獨立性。如果獨立董事之報酬，是獨立董事生活的唯一資源的話，謂其獨立性盡失無遺也不過言，即使不到此地步，受領相當程度高額的報酬時，為珍惜這份收入，面對董事長或其他董事無法挺直腰幹，同樣也會失去獨立性。另一方面，投入之勞力與貢獻，未獲得相對應的報酬之下，要想維持業務執行持續不喪似乎也難，責任負荷輕重沒受到正確評價也是問題。獨立董事報酬設定基準，確實不好捉摸。

設想為可以替代之前提下，獨立董事在其職位所投下之勞力，如轉移到其他職業時，所能獲得報酬之相同程度為基準，是可行的方法之一，但是「勞力」單一因素或許沒什麼問題，若把「責任」條件也加入，就顯然不合宜。

既要不損及獨立董事的獨立性，又要兼顧職務執行之誘因不會不足，是難能兩全，非常困難的問題。在獨立董事之報酬是否能採行業績連

動性報酬制度，意見紛歧，特別是獨立監察人報酬與業績連動是法律所不允許之解釋，似乎是定論，蓋業績向上與遵法守法，兩者是對立且相剋的事項。

　　獨立董事與獨立監察人在本質上不完全相同，獨立董事督促公司遵法守法之外，也被要求提供專業知識以及專家意見，以資提昇經營業績，此方面的機能與業績向上就不是對立相剋，如此考量獨立董事之報酬與業績連動，並非絕對不可行。因此，為誘導獨立董事充分發揮監督以及襄助經管之雙方機能，以固定報酬再斟酌加上部分業績連動報酬，或許是值得試行的良策之一。

四、經營目標設定以及營業報告議案

(一)議案概要

中期營業計畫及年度利益計畫

項　目	2012 年度	2013 年度	2014 年度	2015 年度
營業額	100	200	300	400
營業利益	5	10	20	30

附件參考：業績報告（月別決算、半年決算、年度決算）、資產負債表、損益表以及現金收支帳簿。

(二)議案檢討要點

1. 經管計畫的策定有否充分考慮了資金期望報酬率？

2. 營業之增收、增益的依處有否明示，計畫的前提條件有否經過合理的檢討？

3. 業務報告是否屬定性報告？僅記載本期以後的資訊，缺乏以往年度之資訊，則無法對比，就無法評價。

(三)一般股東的看法

　　一般股東偏向持著資金期望報酬率來期待經管計畫之策定。一般股東的利益也即是公司的純粹利益，大體來說，將一般股東的期待注入公司的經管判斷是正確的作法。獨立董事將一般股東的想法，提供到董事會，應是一般股東眾所期待。

(四)成本概念之必要性

　　上市公司本著持續經管，持續成長，提升公司價值為宗旨，而不斷反覆的從事企業活動。環繞著上市公司之利害關係人眾多且繁雜，公司經管群、職員以及其家屬，關係企業、交易對方與來往金融機關，顧客、社區、各類團體以及政府，都是公司的利害關係人。不過，公司最重要的利害關係人仍是股東，公司當然不能唯一只考慮股東利益，但是以股東利益為優先之考慮是應當的。公司經由企業活動提升公司之企業價值，而獲取投資回報是股東的單純期待。鑒於此，公司重視股東之期待策定營業計畫，提升企業價值是別無選擇之正道。

　　從企業價值提升與增加收益之觀點上，投入資本與收益對比之成本意識是不可欠缺的。舉凡企業活動均由資金投入開始，營業活動之前就得將所需資金調度到手。資金調度方法有借貸以及股份發行兩種，借貸來的資金必須償還本息，這就是成本，扣除成本後還有剩餘，才是收益；以發行股份調度的資金，成為公司的財產，公司據為所有不必償還，公司似乎不存在成本負擔。但是，股東承購股份是投資行為，務必要收回本金以及利息（或利益），才是投資的目的。股東是透過公司營利之分配，來達成投資目的，股東的目的寄託公司來達成，因此股東之成本計算就轉換為公司之成本計算，此即公司經管者的成本意識。獨立董事要率先理解並堅持這

種意識，進而推廣滲透到全體董事，成為公司的意識。對於公司經營目標的設定與營業報告議案，就必須秉持這個意識加以審議，一般股東的投資報酬期待才能獲得回報。

(五)與股東、投資人之對話

　　經營規畫與經營目標是投資判斷極為重要的資料，應對股東、投資人公開，並做為對話的基本資料。對此問題，在觀點上的考量，上市公司與投資人如有所齟齬或差異，募股招來投資就會產生阻塞不順暢之情況，此時需要公司與股東、投資人進行對話，以溝通方式解決彼此間認知上之差異。

　　股東對於判斷企業價值，最常用的經營指標就是ROE（股東權益報酬率），ROE就是「當期純利益÷自己資本」的計算，也就是股東所持分之自己資本，能產生多少利益所表示之指標。例如，2013年度日本生命保險協會調查結果，顯示出82.3%機關投資者，對於公司中程經營計畫中，最為期待公開之經營指標項目，即是ROE，由此可知，投資者之判斷材料是多麼重視ROE。但是，調查資料也同時顯示出，公司中程經營計畫中，所有ROE項目則僅占32.8%，投資者之期望與公司實際實施狀況間，存在巨大的乖離間隔。

　　當然ROE並非唯一指標，股東、投資人對企業價值之評價尺度指標還有多種多樣，例如：利潤、利益成長率、營業額、營業額成長率、股息分紅率、營業利益率、市場占有率等等。公司經營重視何種指標，取決於公司經營模型與方針，公司各持其重視之指標與股東、投資人溝通對話，並無不可，但單方強施說教的方式應戒之。股東、投資人之期待，希望被吸取或聆聽，這對公司是有益的，獨立董事應積極推動這種的對話機制。

　　公司與股東、投資人之對話，也有多種方式可選擇，中程經營計畫

說明會、經營方針、經營策略說明會、決算說明會等,都是股東或投資人可取得個別所需資訊的方式。召開小型會議、公司整體說明會,拜訪法人投資機構或特別議題的說明會等等,都是公司可選擇的對話型態。仍舊以2013年度日本生命保協會之調查結果顯示,股東最期待的對話方式,中程經營計畫說明會占50.6%,經營方針、經營策略說明會占40.5%,都是壓倒性的期待率,但是相反的,企業實施中程經營計畫說明會僅有14.7%,經營方針、經營策略說明會則是12.6%,實際實行的公司還是少數,使公司之經營目標能與股東、投資人取得共識,說明會之召開是一有效之措施。

(六)合理性經營計畫之確認

公司策定超出資本成本之經營計畫,該計畫是否合理可行,要有一番確認之必要。例如前述議案概要所示之經營計畫,其營業額以及利益均策定為2倍、3倍的成長率,如此高成長率設定之合理根據,需要謹慎檢討。業界動向沒有重大變化,事業策略也沒有新招妙計之狀況下,除非是意外的出現奇蹟,否則殊難達成此目標。

不合理的經營計畫,會誤導股東、投資人之行動,會有責任問題,相反的,過度保守謹慎的計畫,演出大大超出計畫之結果,同樣是誤導,公司也會落入無計畫性或計畫雜亂無章之惡評。當然,事實經營的實效成果能完全符合計畫,是稀有之事,經營實績與計畫有所出入,本身並不是問題,只要事後能究明原因,合理解說,則事前之經營計畫就是完善合理之計畫。

經營計畫之策定進程,各個公司依據條件之情況,不可能一律相同,原則上就是依據自己的條件情況,做合理的策定。站在獨立董事的立場,就是要堅守客觀立場,對經營計畫、策定過程以及目標之設定,鑒於公司條件狀況是否合理,積極尋求經營董事做詳細解說,並盡量傳達或轉

知給股東、投資人知悉。

(七)業績報告之檢討

　　董事會應於一段期間提出業績報告，每月報告、每季（三個月）報告、半年度報告或是決算報告，上市公司規定是每月報告，而一般公司最少也要提出年終決算報告，因期間不同之報告其目的就有差別，但不管那種報告，其要義是在對公司策定的經營目標進行檢討。若有未達目標者，分析其原因，俾以改善。倘有年度經營目標難以達成已能判定時，在適當時間應將經營目標做適切修改並予以公開揭露，尤其是上市公司在營業額與預期目標有一成以上，利益額（利潤）有3成以上差距會產生時，必須迅即修改目標並適時揭露，否則就會有責任之慮。

　　獨立董事職責就是對業績報告進行檢討，積極要求執行董事解說、改進，並要求對股東、投資人適時、適切地揭露資訊。

五、新事業開展議案

(一)議案概要

　　依附件資料所示，歷經市場調查分析與經營會議討論決定，擬設立如下的新事業部門。

- ◆ 事業部門名稱：○○部
- ◆ 人事安排：○○部經理以下附件1之內容
- ◆ 預算計畫：初期○○萬元，以後每年○○萬元
- ◆ 事業計畫：詳細如附件2

3年以內預計轉虧為盈

最遲7年內銷除累積負債。

(二)一般股東的觀點

對於一般股東、投資人的立場來說，能否獲取超越預期利益率以上的回報，是投資成敗之分水嶺。項目事業經營收支沒虧損、維持黑字，但是在預期收益率（資本成本計算）以下的收益的話，一般股東、投資人視為失敗之投資，對公司來說也應該是失敗的。蓋因僅要維持不虧損，或微少的利益的話，大可不必勞師動眾，只要單純的將資金存放在銀行存款中，也能達成目標。

獨立董事應本著一般股東、投資人之立場觀點，在董事會中澈底商議討論，要求提示相關證據，以確認新事業之開展，確實有可能達到一般股東、投資人所預期利益率無誤，是其職責。

(三)建立投資基準之必要

企業活動盡可能尋求投資機會，擴大利益收入，提升企業價值，也是企業永續經營所必遵循之道。但是，另一方面，無論怎樣的公司，擁有之資源必定有限，無法縱任無限投資，勢必得考量公司需要之緩急、收益率之高低等進行篩選，排出優先順序，因此公司適切的投資基準之建立，勢所必要。

投資選擇決策的基準，因公司的背景條件不同，可說是樣式百出，莫衷一是。但是，實務界向來有幾個基本原則支配著，「投資項目幾時能止損轉收」、「投下資金幾年可以回收」等。

以一般投資人獲利目的之立場，以及公司確保純利益之立場來考量，「資本成本」的觀點是絕對必要的堅持。「超越資本成本之回收，才是企業價值之創造」的概念，必須深植在投資行為上。時下一般企業常受

投資家的批評指責，企業與投資家之間的齟齬，出自於對「資本成本」概念的差異。化解兩者的對立，獨立董事要積極有作為，依「資本成本」原則，在董事會上建立起投資選擇決策之基準，並以此基準與一般股東、投資人溝通。

　　對於加入「資本成本」意識之投資基準設定，近期新出淨現值（net present value, NPV）以及內部報酬率（internal rate return, IRR）之兩個原則可供參考。

　　NPV是在計算一個投資案是否有「超額」價值，如果NPV是正值代表該項投資超乎預期，而負的NPV就是該投資低於預期投資報酬。投資者將資金投入後，就是希望未來能夠回收，但是未來的投資回報是分年流入的，計算很簡單，每一個投資案都會有期望報酬率R，只要將該投資未來所產生的現金流量以報酬率R折成現值再全部加總，再扣除投資本金後，就是淨現值。意思是將未來所有的投資收入都折成現值，然後看看是否大於目前資金投入的金額。如果以C_1~C_n代表未來第1~n期的各期現金流入金額，R為期望報酬率，C_0為目前資金投入的金額，則先計算未來現金流入之總現值（PV），公式如下：

$$PV = C_1 / (1+R)^1 + C_2 / (1+R)^2 + \cdots\cdots + C_n / (1+R)^n$$
$$NPV = PV - C_0$$

　　簡而言之，NPV是表示該投資案能帶來公司增加多少的現金量，NPV是正數的話，一般股東的觀點也會評斷企業價值有被創造增加。

　　IRR讓NPV為0的報酬率R，它與NPV的算法是相反的，NPV先有預期報酬率R，然後將未來所有的現金流入，以利率R折讓為現值，再減去期初的資金投入。而IRR剛好反過來，R是未知的，但是期初資金投入及未來的現金流入為已知，那麼用何R值來折現未來的現金流入，剛好會使得

NPV = 0。簡單說，就是投資報酬率。高報酬率、投資項目可行，低報酬率則不採行。

依據此兩原則設定的投資基準之特徵，一是時間價值加入收益計算，一是即使會計上不虧損是黑字，但並沒超越資本成本以上之收益，則此投資項目不可放行。此兩點是向來「投資項目何時止損轉盈」以及「投下資金幾年回收」的基準原則所為考慮之要點。

無論如何設定的基準，資本成本數額，將來現金收益的預期量數可以由公司任意設定。此意味著基準設定恣意性甚高，不確定性要素也多。獨立董事之任務，透過董事會，究明基準設定的根據，確認真意，並留意不確定要素變動的影響，並且適時向一般股東揭露說明。

按一般常理，在任何公司資源都是有限的條件下，並非只要投資基準過關就每件投資項目都能實行，由中挑選最有投資價值案件是必然的作為。剩餘資金之運用、既存事業之再投資、買回庫藏股、減資或分紅配息返還原股東，也是經營選項之一。但是不管如何，經由資本市場從一般股東調度的資金為本從事之經營，資本成本、資本效率之概念堅守下，謹慎為意思決定是必要態度。獨立董事要把握住決策者的考量真意，以及公司將來之目標、策略。再加以傳達給一般股東、投資人，促進對於公司投資之慾望與信心。

六、併購（M&A）等事業重編案

(一)議案概要

本公司為開展新事業，與非上市○○公司間，於○年○月○日締結營業讓渡契約，讓受該公司○○事業部門，對價為（金）○○元。

(二)一般股東的觀點

　　併購（M&A）要特別注意之事，與既存事業間產生的相乘效益、附加價值，以及併購交易時買方支付的加碼金額。

　　併購交易方法多種多樣，採行方法效果會有所不同也要留意。所要時間、稅務效果、許可認證之取得等也得關注以外，反對股東買回請求權有無等，均對併購效果影響很大。

　　是要維護買方公司一般股東之利益抑或賣方公司一般股東之利益，獨立董事所被期待之具體角色會有不同，但是要堅守的基本原則是共通的。再者，前出「新事業開展議案」所述及事項概略均能適用於本議案。

(三)解說

1. 併購（M&A）就是合併、收購別家企業之稱，合併另家企業，另家企業之股份，資產的取得等行為，一般用語總稱為併購。併購在公司既存事業擴大，新事業開展，關係企業之整編，事業之承繼等是常用的手法。在此就以新事業開拓為例，公司在既存的事業經營業績低迷不起色之際，公司最容易浮現的念頭就是開展新事業之經營策略。但是展開新事業所必備的經營資源自己調度，工場等生產體制，銷售網路等自己從一開始籌備建構是可行方法之一，這要費時曠日，因為新事業，盈虧成敗，前途未卜。反之，對既存事業進行收購、生產、銷售組織、企業秘密、經營秘訣、熟練員工、專業人材一舉獲得，能在短時間，低風險開展新事業，此即併購最誘人功效之一。

　　以事業讓受或公司分割之方法併購時，取得的對象是被併購公司事業資產，以股份轉讓或股份交換方法併購時，取得的對象是對方的股份；以收購公司代價支付的有現金或公司庫藏股份兩種，收購公司支付股份時，公司持有現金沒有流出，資產沒有變動，但是股東持股構成會變

化、稀薄化，以現金支付時，資金來源是借貸或是公司保留之剩餘資金，公司資產變動，但是股東持股構成不變。併購（M&A）目標在提昇企業價值，能否達成此目的，仍然要以能否超越資本成本之回收率為準。

2. 併購可謂是併購相乘效果的增值與購買價格加碼的議價交涉。通常是被收購公司股票的現在一般價格，往上某程度的加價為收購的價格，不如此將無法誘出被收購公司股東出售手上股票。TOB（公開收購股票）之以現金收購方式，通常以市價加碼20%~30%的價額收購，對於收購公司之股東的說明能獲得怎麼樣的相乘效果而產生的附加價值，才加碼收購，股東才會臣服，股東會才能通過。

另一方以合併或股份交換方式進行的話，按一定比率將被併購公司股東之持股與併購公司之股份交換，變成併購公司之股東，將來可分享併購公司企業價值之擴大利益，交換比率加碼優遇之必要性不存在，甚至於減低比率之交換之例也有過。既然要成為新公司之股東，就得與公司命運共同化。

併購代價之支付是現金還是股份，要緊的是對相乘效果之附加價值。支付適當的加價，併購目的在產生相乘效果，沒有相乘效果，併購徒勞無功，多此一舉。併購之後營業額，利益擴大之正面性積極性的相乘效果，也有併購而降低成本費用之消極性效果，相乘效果之呈現，被併購公司也是當事人之一，成果不能任由併購公司股東獨占，被併購公司股東也應分享。理論上，收購公司之股東與被收購公司之股東能公平分享成果之雙贏局面，併購才能成立，要確保這個win-win局面，獨立董事的角色至關重要，雙方公司的獨立董事代表著自己公司的一般股東之利益，透過董事會機制確認相乘效果程度，爭取一般股東應得利益之分量。

3. 併購可採用方法眾多，合併、公司分割、股份交換、股份轉讓、事業讓渡（讓受）等等。按併購目的而選擇方法。單純要取得對方公司某部門事業資產資源，則以事業讓渡或公司分割方法足已；要將對方公司收編為子公司，則以股份交換或股份讓受方法即可；若要將對方公司全部併為公司之一部分，則非合併方法無法奏功。採行併購的方法不同，在公司法上的手續也因而不同，會計以及稅務上的對策也會有變化。以上併購公司目的之考量之外，對方公司以及公司控制人的企求、意圖也得理睬與對付，加上這些因素的考量，再行選擇最適當的方法。

併購是公司與對方公司之間訂立契約（合併契約、事業讓渡契約等），契約內容先由董事會決定，再提請股東會承認而成立。但是通常的運作，契約內容在向董事會提議案之前，董事長或執行董事與對方公司代表人，事前緊密的交涉談判，主要的事項即已確定，需要董事會、股東會之決議，是一種事後承認之機制。因此站在一般股東的立場，要求執行董事、董事長對交涉的經緯、併購目的、效果、代價，以及風險等做明確交代說明，這個任務又是落在獨立董事之肩上。

併購企業價值之評估，是對該公司的營業、財務、法務各方面進行實際調查分析，通常借助於顧問公司、監察法人、法律事務所的專家來發現問題，如未報告的債務、訴訟事件等，這些問題在併購前發現或許能事先解決，不能解決者就得反映到契約條件上。這個專家的調查報告是至關要緊，在董事會勢必精細謹慎檢討審查。

又實務界在決定收購價額、比率時，併購公司、被併購公司通常都會委託獨立機構的第三者（如證券公司、信託公司、監察法人等）評價。雙方公司各持評價報告進行交涉，討價還價，最後由經營董事們的經營判斷而定。依證券交易法之規定，價值、比率之決定以及決定根據資料均得適時對股東投資人揭露。

七、股票收購防衛對策議案

(一)議案概要

　　本公司為維持良好經營秩序，防止惡性併購，擬定防衛對策，對收購本公司之股份總數超過總表決權百分之二十以上之股數為目的之收購行為，以及收購總數結果超過總表決權百分之二十以上之股數時，應適用如下的規則，擬請股東會決議通過。

　　內容：大規模收購股份規則（詳細如附件）
　　　　　違反大規模收購股份規則之對抗措施（詳細如附件）。

(二)一般股東的觀點

　　股票收購防衛對策，為防止會致使企業價值減損之大規模股票收購行為，保護股東利益而立之公司措施。但是這個對策屢屢被當權派董事們為保衛自己的權位而濫用，導致良好有益的收購行為被阻礙，反而造成一般股東的權益損失。

　　防衛對策之設定是否真正為公司、股東之利益著想，內容是否合理適當，獨立董事應用心檢討，當實際發動適用防衛對策之際，是否適當運用，有否脫軌越規，違反防衛對策的精神，獨立董事亦必須謹慎監督、監察。

(三)解說

1. 日本經濟產業省、法務省所發佈的「企業價值防衛指針」（正式名稱：企業價值、株主共同の利益の確保又は向上のなめの買受防衛策ん關す子指針）上，對於收購防衛對策提供一個定義：「股份有限公司非為事業目的調度資金之主要目的，發行新股或新股認購權，而是用來

阻撓公司股份被不友善收購之策，而此策是在收購行為開始之前導入者。」此已是普遍被採用之定義。

時下最多採用的收購防衛有兩種，事前警告型與信託型，前者是預防大規模收購，公司事先設定收購規則，敵對收購者違反規則或敵對收購者之收購提案有損公司之企業價值之虞者，公司即發動防衛策，對股東發行無償新股預約權（敵對收購者無法行使型態之設計）；後者是，公司預先將新股預約權發行給信託銀行，一旦敵對收購者出現，並進行違反規則的收購時，迅即將信託之新股預約權交付給預先指定之股東使用。兩者的手法，本質上沒有太大差異，對抗措施發動之後，股數增多，敵對收購者的股數被稀釋，使得持股比率相對降低，想達成收購目的難度提高，以資打消敵對收購者的念頭。

2. 收購防衛策正面效用是防止收購帶來企業價值減損，進而保護股東之利益。但是運用不妥，也會產生負面效果，最容易發生股東為保身而濫用防衛策，對於友好而有益的收購案，也一併予以拒退，反而招來股東共同可享的利益流失。「企業價值」是曖昧難測的概念，企業文化、員工士氣、地域社會的關係等因素也須加入考量，曾有公司掌權派趁權借勢，誇大強調這些因素，指責收購價格偏低，一味想擊退收購者。因此防衛策內容設定，僅限於必要且合理者，防衛策是否要發動，不可以放任掌權派恣意決定。收購對公司之企業價值以及股東利益是增是減，更必須設定客觀評判之機制。

防衛對策導入之決定，是董事會還是股東會（股東會之一般決議，還是特別決議）？公司法以及相關法令均無規定，委由公司自主處理，董事會決定一切，容易促成濫用，投資家指摘內容不公平之聲不絕，還是導入股東的意思決定較為穩妥。

3. 前揭防衛策要否發動，應怎麼決定，同樣法無規定。常見方法：(1)單

純董事會決議；(2)設置獨立委員會（律師、會計師等外部專家加上獨立董事組成），由其形成勸告，再經董事會決議、股東會決議或股東投票決定；(3)獨立委員會之勸告，加上股東之意思決定等。

特別設立獨立委員會，對於收購規則有否違反，收購之利弊進行專業客觀公平的調查判斷，提供公司諮詢勸告，董事會或股東會再行決定，是現在國外盛行的作法。獨立董事不論是否加入特別設置的獨立委員會，都要代表一般股東、投資人利益之立場，將資訊資料收集週全、分析，利用董事會與掌權派討論交涉協議，對併購案是否確實能提昇公司企業價值，做出正確判斷。

八、發行新股調度資金議案

(一)議案概要

本公司據於生產設備更新與擴大之資金需要，擬以下列辦法對○○○○事業投資基金會之特定第三者發行新股。

募集股數	普通股○○○股（稀釋率○○%）
募集股的股價	1股○○元（前日股價收盤價減價○%）
繳納股款總數	○○元
增加資本額	○○元
增加資本公積金額	○○元
股款繳納期限	○年○月○日

(二)一般股東的觀點

公司發行新股，本質上是公司一次賣出大量股票，股份總數膨脹，原

股東持股比例被稀釋化，自然造成股價下滑，股東利益受損之問題無法迴避。是以目前股東的利益犧牲與將來的回報做交易。將來的回報落實可能性如何，就必須慎重審評。

　　調度資金的目的、用途、用法如何?在諸多資金調度方法中，選中發行新股之理由，重重疑問都是股東所關心的待解事項。獨立董事對於這些問題，代表一般股東積極深入追查確認，並促使公司對股東說明，以理來說服股東。附帶提到，國外向來的經驗，發行新股屢屢發生內線交易的嚴重問題，發行新股決定過程，內容適時、適切將資訊公開是減少發生此問題的良策之一。

(三)解說

1. 對於發行新股調度資金的措施，對現有的股東有正反面的意義。基於股東平等之基本原則，同種類的股份每股享受待遇權益是一律平等，一定利益額之下，同一種類的股數增加越多，每股分享利益數就越少，（但是公司買回庫藏股，減資減股的話，反而使一般股價值增大，是例外情形）。同時發行新股，市場上存在股數增多，股數稀釋化也會壓低市場股價，因此對於現有股東來說，公司事業規模維持原狀不變，發行新股而增加股東股數，當然會不受歡迎。反之，新股東出資公司調度到資金，公司運用此資金獲得擴大現有事業的規模，使獲利增加，分享比現有還高的利益，每股市價不降，現有股東則無理由拒絕新股東的出現。

在股價淨值比PBR〔即市場股價（市價）除於每股淨值〕低於一倍時，以市價發行新股一定產生每股價值降低結果。但是一味堅持股值不貶，新股無法發行，調度不到資金，公司資金不靈招致損害，甚或可能發生破產危機。發行新股調度資金對現有股東，如何反映，正負難兩全，取捨的判斷，常在不得已情況下決定。又，對特定第三人協議發行

時，公司恣意挑選特定股東，必然打亂現有之股權結構，是喜是憂，現有股東也應會有所主張。

總之，獨立董事應該做的是，堅守保護一般股東、投資人之利益之觀點，對於發行新股條件、股數稀釋化規模、資金調度的必要性、資金額度的相當性與資金用途的合理性等做必要的檢討。要是特定第三者協議發行時，對於議案內容、第三者選定理由、經過及發行價格決定等，所依據之具體資料，均應詳細檢討、確認。

2. 公司法規定新股或新股認股權發行方法有三種：由原股東認購（員工承購保留分除外）、公開發行（公開募集）以及特定人認購。原股東認購方法是按股東持股數比率分配新股或新股認購權給現有股東的作法，採用此法，現有股東持股比率維持不變，又既存股份的經濟價值以及新股取得股份的經濟價值兩者均歸屬現有股東，即使新股股價低於市價，結果也不會造成現有股東經濟上的損失。持股比率以及經濟價值均有保障，該方法採行對現有股東沒問題可言。

公開發行是對不特定多數投資人募集，通過市場調度資金的方法，一般採用此方法時，原則上均以股價市價發行，現有股東持股比率被稀釋之外，經濟價值很少會有損失（唯有在PBR低於1倍時為例外）。但是此方法是在市場上對該公司股份有需求存在之條件下方能推行。

特定第三人認購是僅對特定第三人發行，一般是在公開發行條件不足，無法向不特定多數投資人募集，或是公司欲與特定人間構建或增強資本、業務協助合作關係時，採用特定第三人認購方式，此方法會引發股東持股比率變動，又此方法一般都以有利的股價條件，對特定人發行，帶給現有股東經濟價值的損失是必然結果，因此採用該方法時，對現有股東利益受損之防範就得格外用心，不宜輕視。

3. 特定第三人協議認購，此特定第三人之選定又發行股價之設定等決定權
歸誰，公司法無明文規定。如前所述此方法影響現有股東權益甚鉅，
不聽取股東的意見似是過分輕率，故有股東會決議之必要。但是公司
法第266條第2項規定，在授權資本限度內發行新股，決定權是董事會持
有，惟是否不拘任何方法或條件，全由董事會決議就算數，確有討論餘
地。參考日本立法例，其会社法（第20條第1項）規定「對特定第三人
以特別有利的價格發行時」就必要股東會的特別決議。何謂「特別有
利」的條件，泛指「低於公正價格」是也。而低於的程度如何認定，是
一個很空泛的不確定概念，對此問題，日本證券業協會發布之「有關處
理特定第三人認購方法增資」之指針上，有這樣總括性的主張「應繳股
款是董事會對發行新股決議前日（前日非交易日時，由前日溯往至最近
的交易日）的價格乘以0.9之數額以上者，但是也可以採勘查前日或最
近交易日的價格與買賣情況，改採從董事會決議日之前日溯往一定期間
（最長6個月），其一定期間之平均價格乘0.9之數額以上者」，即非特
別有利，概略地說，對特定第三人認購的優遇價格底線是市價之9折，
這可提供給實務界做參考。

發行價格的設定，市場價格是最重要的考量因素，除此之外，市場上
對公司信用度的評價，以及發行股數市場之消化能力等因素，也得檢
討，同時諮詢專業專家意見，以作為判斷的參考依據。

4. 特定第三人之人選，因為此後要居身為公司之重要股東或大股東之
一，對其屬性有慎重檢討的必要。從選定特定第三人的人選，究竟是要
選個人、法人抑或是投資事業資金團體，到選定的過程、理由以及該特
定第三人之屬性資力，每一環節都要確認。屬性資力更是證交所要求適
時公開的內容，不能疏忽。

特定第三人資力的問題，認購協議確定之後，該當特定第三人財務一旦
發生問題，而無力繳納股款情況，將造成公司苦心推動的資金調度計畫

受挫，期待實現的事業計畫也得停擺。此外，也會引起投資人對公司失去信賴感，事態之嚴重性可想而知。

特定第三人之個人或組織團體之理監事、重要幹部、大股東出資者等若是反社會人物或與反社會勢力有關係，當這些不良屬性被發現而暴露時，對公司之社會評價、社會信用都會有一落千丈的負面影響，豈能不謹慎小心處之。委外專家專業進行特定第三人資力屬性之調查，是一個好的選擇，獨立董事對這些調查報告資料都得確認檢證。

另外，在日本有些做法可提供給大家參考。由於特定第三人認購發行對現有股東持股結構衝擊巨大，又會產生公司經營者反過來挑選股東的怪現象（原本應該由股東會選擇經營者，才是正常現象）。鑑於這些考慮，日本金融商品交易所（包括證券交易所）的規則規定，對特定第三人發行新股，稀釋比率超過25%以上，或是公司之控制股東有變動的情形時，原則上要求 提出具有獨立性之第三者委員會，對特定第三人認購發行之必要性以及相對性的調查意見書，不然就得提請股東會決議決定。股東會之召開勞師動眾，耗費也大，不易召開，因此選擇第三者委員會之意見書爲壓倒性的多。第三者委員會的成員是由對公司具有相當程度獨立性之人士，如律師、會計師、學術經驗者、獨立董、監事等所組成。獨立董事即使不參加第三者委員會，依其獨立董事的地位性質，被徵求陳述意見也頻頻出現，按理說一點也不唐突奇怪。

九、借貸籌措資金議案

(一)議案概要

　　爲充實事業營運週轉資金，擬以下列條件向○○銀行貸款○○億元。

期間：　　　年　　　月　　　日起3年

利率：○○%

備註：其他貸款條件適用○○銀行交易往來契約書之規定

(二)一般股東、投資人的觀點

　　基於公司業務之需要，以借貸方式籌措資金是業務執行的一部分，係專屬於董事會職權。董事會以經營判斷原則，決定要否借貸籌措資金，同樣是屬於經營者之業務執行；但是，借貸資金與增添設備或僱用員工等有所不同，無法一律同樣任由經營者全盤處理。蓋因，借入資金，致使公司資金組成變動，資本比率降低，對股東的利益會有影響，例如，借入資金會降低資本比率，每股的資產報酬率（ROE）相形會提高，對股東會有利；而同時，由於負債比重過高，破產風險也相對增大，對股東並非有利。獨立董事在董事會上，抱著一般股東的想法，與經營者論戰，是一般股東、投資人所期待的。

(三)解說

1. 金錢借貸首先想到的是，貸方提出的條件是不是合理，對借方是不是最有利的條件，是否與別家的條件評比過，且交涉過程之資料資訊，亦須要細加檢討確認。

　　借貸契約內容通常是使用貸方銀行所提供之定型契約書，容易被認為是制式慣用的內容，又是頁數繁多，就忽略或只做概略式瀏覽，尤其是擔保契約條款，附加擔保權設定契約時，未加以用心確認，當預想不到的負擔接二連三被要求時，反悔已晚。

　　再怎麼有利的條件，並非借得資金就算完成了事，資金之用途，才是借貸資金的正題。應考量資金之用途是否合理適當，答案要是否定的話，就要溯及資金借貸要否實行，也會影響資金調度方法須重新再檢

討。

一般而言，營運資金具有短期又出入頻繁的性質，原則上較適合於借貸方法籌措；而設備投資，公司事業規模擴張等，所需要的資金屬於長期性質，則以新股或公司債發行方法調度比較合理。

資金籌措的管道多種多樣，當然借貸是最簡便迅捷的方法，但不一定是最有利的方式，其他方法雖然較煩雜費事不好用，但是對各種方法都必須了解透徹，才能有機會挑選到最合適、最有利的籌措資金方法。

2. 至於借貸對象銀行之決定，選擇公司長期往來之主要銀行，既省事又安穩。不過，一成不變的只選擇主要銀行，弊病也會發生，特別是利率與貸款條件，如果沒有和其他銀行詳加比價競爭，獲得有利條件的機會就微小；又常因循往例，得過且過地無異議接納主要銀行所提出的條件，到底是受善待還是被惡待，經營者常一無所知。銀行的選擇是經營者的經營判斷範圍，一味維持主要銀行之往來，經營判斷自廢其功，沒登場機會，因此，最少應取得其他銀行的條件，與「長年交誼」之主要銀行提出待遇相比較，是否合情合理，這個確認程序不能或缺。

3. 對公司而言，借入資金是「他人資本」或稱「外部資本」，在一定期限內，有返還本息的義務。而發行新股所籌措之資金是屬於「自己資本」或謂「內部資本」，則無償還之義務。資金借入的代價是支付利息，是必定發生而且數額一定；發行新股之代價是股息分配，可有可無，且數額彈性不定。利息之支付，在稅務上可認列為費用處理，股息則不可。再者，如前述資金借入後，公司資金組成產生變動，自己資本比率降低，每股ROE會提高，但是負債比例增大，利息負擔較重，破產機率相形提高；如前項目所述，發行新股籌措資金會依其發行方式，而有稀釋持股比率之現象，降低股價等問題，孰利孰弊，因公司之背景條件而異，用心細心的經營判斷，不可或缺。

十、盈餘分配議案

(一)議案概要

　　維持必要之內部保留資金與對股東做充分的回報，兩者不偏不倚，適切平衡，是本公司對盈餘分配的基本原則。本期期末盈餘（以稅後盈餘提撥法定盈餘公積，並扣除股息及董監事酬勞與員工紅利後之淨額）之分配，也是基於此原則，綜合對公司本期的業績，今後的事業計畫、業績預估，中長期投資的需求等斟酌的判斷結果，以下列方法實施本期盈餘分配：

1. 分配方式：現金支付

2. 分配金額：普通股每一股○元，總額○○○元

3. 分配基準日：○年○月○日

(二)一般股東的觀點

　　公司的盈餘分配是股東投資回報最主要之手法，股東當然很重視、很期待。但是公司事業經營有效率，收益率高之際，盈餘保留給公司再投資利用，利潤可越滾越大，股東未來分配盈餘的數額會增大，資本市場反映公司之企業價值提高，使公司股價高漲，不論對公司或對股東而言，都是多利多益，股東不一定急於一時，要求當期即分配盈餘。因此，公司所持盈餘分配政策，與有效率的再投資，以及新事業擴展是息息相關的。基於何種理由，進行怎麼的考量，而最終決定了這個分配方案，應該對一般股東說明清楚，取得他們的理解與信服，這個機制的完成，也是被期待在獨立董事身上。

(三)解說

1. 盈餘之分配是公司將公司財產分配給股東的行爲，是屬於股份有限公司本質性的活動，不可不爲。盈餘分配請求權與財產剩餘分配請求權並立，是股東從公司直接接受經濟利益之自益權，也是股東投資營利行爲之本質性權利，股東與生俱存，不可剝奪。

   盈餘分配之股東回報是與企業的收益率及成長率爲投資人投資判斷的三個基本要素。日本曾有過調查，以152家之法人投資機構問卷調查，投資時「重視股息分配」或「股息分配是相當程度考慮」的回答者占九成之多。（平成23年生命保險協會調查「對於股份價值向上之措施」）因此可鑒，盈餘分配政策也即「公司盈餘多少分給股東，多少要保留在公司，以備再投資之用」，公司勢必要決定的重要財務政策之一。

2. 公司的盈餘什麼情況應分配，什麼情況應內部保留，理論上來說，能有超過資本成本以上的回報率的投資機會，公司應考慮將盈餘充當再投資資金，再提高公司之企業價值，創造利益最大化，董事會應讓股東會認清，計較目前的股息是短見。

   相反的，公司的事業經營或新投資機會，回報率一直低迷，無法超過資本成本率時，將現有之盈餘分配給股東，對股東而言，是利益最大化，如仍執意將其保留運用去投資，終將耗損資金，公司利益與股東利益都會消失殆盡。

   但是，公司股息分配政策並非如此單純，不僅是正反兩個要素之選擇決定，例如高回報的投資又必定是高事業風險，盲求最大利益，意外事情出現，事業重挫、本理盡失。盈餘要分配，還是要保留，孰者對股東有利，其中因素錯綜複雜，殊難確保決定正確，但求經營者分配政策之決定是盡忠實，善良管理人注意義務下之經營判斷。因此獨立董事要代表

一般股東檢視判斷過程的合理性以及結論的適當性。

3. 不合成本計算之投資是浪費、損失，盈餘內部保留不應當。如公司所處環境條件應保留部分盈餘，但要保留多少才是適當，也是難題，過分保留將使資金冰封不用，反而是浪費損失。過少保留、不敷使用，喪失機會、損害擴大，也是壞事。

   同樣是日本的調查資料（同前日本生命保險協會調查），對日本企業社內保留資金現在的水準，法人投資機構的75.9%認為「保留過分充裕」，反之公司經營者68.8%認為「適正水準」，二者認識差距之大，顯示出對於盈餘之分配，兩者對立嚴峻。兩者認可合適的基準急待提供，基準公式還沒出爐之前，公司內部保留以及手頭上資金水準之適當性，是否對一般股東、投資者說明清楚，獨立董事應確認，若有不足，要促使經營者充分補足說明，如一般股東、投資者的指摘意見正確、正當的話，更要勸說公司改正，從善如流。

4. 公司財產分配方法，以紅利、股息分配方法為最常用最普通。實際上公司買回庫藏股方法，同樣能達成財產分配機能。但是兩種方法還是有差別，首先，以盈餘分配能貫徹股東平等原則，對全體股東按其持股數比率，一律平等分配。但是買回庫藏股情形，公司無法也不可將全體股東持有股份一律買回，只對期待被買回股東之持股買回，希望被買回股數超過公司預定買回股數時，公司須訂定方法加以調整。對股東來說，現實點將股票賣出握仕現金，還是繼續持有股份等待價值上升，由股東自我判斷做選擇。又因課稅的關係，接受現金與持有股份，那一方有利，也會是股東選擇考量因素之一。

   公司買回庫藏股是在公司的企業價值未適當反映在市場股價上，顯然市場股價偏低時，經營者可利用買回庫藏股的方法，來校正股價使其恢復適當價位，蓋經營者對自己公司狀況內容最瞭解，最能客觀準確看出

市場股價偏差,由此公司法授與修正權限(公司法167條之1)。買回庫藏股以修正股價的機制是:公司決定買回庫藏股是一種股價偏低的宣言,立即喚醒市場購買慾。買回庫藏股市場流通股數減少,依物稀則貴的原理,股價必然上漲。

公司要對股東之投資回報,盈餘分配與買回庫藏股何者之選擇才正確,端視公司當下所處之背景環境,以及俱有條件綜合判斷,是經營者經營判斷之範疇。但是其判斷是否合理合法,對股東或投資人是否已盡說明義務,獨立董事要確認並督促經營者做到。

又公司分配政策對股東、投資人應盡說明義務,但是要做到何種程度的說明,才是盡到義務,也是難題之一。再以日本調查之資料(前出日本生命保險協會調查)為例,對於盈餘分配政策,包括內部保留或買回庫藏股等,公司是否盡了必要說明義務進行調查,結果上市公司本身認為「已充分說明」者九成以上,法人投資機構則認為「未盡充分說明」者占七成以上,兩者認識差距之大,更是驚人,當然不能容忍股東、投資人沒完沒了說明要求,但也不能接受公司一方自我滿足為是,當下判斷基準還未具體化,只好同樣期待獨立董事,扮演一般股東、投資人利益代表之角色。確認經營者說明程度,督促盡到合理程度的說明義務。

十一、與控制股東之交易議案

(一)議案概要

公司擬以下列方法取得不動產:

資產名稱:○○○大樓
地　　址:○○市○○區○○路○○號

構　　造：鋼筋混泥土構造，地上12層地下2層

土地面積：○○m²

建築面積：○○m²

取得價格：○○元

取得對方：○○股份有限公司（本公司之母公司）

(二)一般股東的觀點

大股東或控制股東仗著有決定性表決權，對經營者施壓輕而易舉。公司與控制股東進行交易時，強迫公司接受不利條件，一點也不難，要維持公平交易才難，這種不公平交易結果，控制股東坐享利益，不利歸由一般股東以及少數股東承受，控制股東係在一般股東少數股東之犧牲上獲利，也是掏空公司財產常用手法之一。

現行公司法上，對董事經營者要求善管注意義務以及忠實義務，不讓公司利益任由輕易犧牲，以及關係企業間之違背常規之交易，年終可要求補償等防波堤措施，但這全是事後的救濟。

公司與誰交易，以什麼交易是業務執行內容之一，是董事會專屬權限，消息外漏機會少，意圖探知內情的方法有限，一般股東被蒙在鼓裏，即使要進行事後救濟也因資訊不足，錯失機會。能出席董事會參加討論決定之獨立董事，對任何交易之點滴資訊、細小情節均能探知掌握，期待其代表一般股東彌補上述之缺失。

(三)解說

上市公司控制股東之存在，其名稱、持股數等是證交法要求公開之事項，外部者也可自由查詢確認。控制股東之存在本身並非壞事，所以無禁止之規定。但是，控制股東存在之對立面，是一群無力的少數股東，兩者之間形成潛在性利益相反的構造。控制股東持有多數表決權，對如董事選

任等股東會決議事項，可隨心所欲地決定，持此控制力對經營者之業務執行施壓影響，或有罔顧少數股東立場或利益。

　　控制股東或大股東與少數股東，兩者利益絕非全面對立，公司的企業價值提升，對控制股東以及少數股東均是有利。但是，例如母公司是買方，子公司是賣方，母公司向子公司購買產品，母公司為自己利益盡量壓低進價，但是子公司的少數股東當然期待賣高價，多得利益，在此控制股東與少數股東利益之對立顯在化，商場上交易討價還價是當然之事，但控制股東挾其多數決定之威力與子公司交易，對等公平的討價還價殊難成立。

　　這種交易議案呈上董事會時，為保護少數股東利益，獨立董事扮演議案把關之角色，是眾所期待重要職責之一。獨立董事須對(1)交易條件確認，同性質的交易案件、契約條件、市場價格採樣對比，對控制股東之交易，是否條件適當，價格合理。(2)對交易進行手續確認，董事會議案審理過程，有無偏袒控制股東之言行，有否參考中立公平之第三者之意見等，負責經營之董事們是否為公司利益堅持不懈。

　　日本證券市場規則要求上市公司，對控制股東之存在變動適時公開之外，還要求上市公司提出「與控制股東交易之際對少數股東保護方案之指針」，每有此類交易便依指針行事，並須將其施行狀況予以公開，並要求提出該交易未侵害少數股東利益之第三者評鑑意見（證券交易所訂定「有關控制股東重要交易等企業行動規範」）。

　　評鑑意見之第三者，必須與控制股東之間無利害關係者充當之，最常見做法是臨時設立第三者委員會，由與控制股東間無任何利害關係之獨立董事、獨立監事以及公司外部之公平人士擔任委員。獨立董事參加第三者委員會就得發揮保護一般股東之本色，主導委員會決定，若未加入委員會時，獨立董事應對該第三者委員會之獨立性以及意見之公正性加以確認。

國家圖書館出版品預行編目資料

公司法基礎理論——董事篇／黃清溪著. --
二版. -- 臺北市：五南，2020.11
　　面；　公分
　　ISBN 978-986-522-318-2（平裝）

1.公司法

587.2532　　　　　　　　　109015944

1UD2

公司法基礎理論——董事篇

作　　　者 ― 黃清溪（290.7）

發 行 人 ― 楊榮川

總 經 理 ― 楊士清

總 編 輯 ― 楊秀麗

副總編輯 ― 劉靜芬

責任編輯 ― 林佳瑩

封面設計 ― 王麗娟

出 版 者 ― 五南圖書出版股份有限公司

地　　　址：106台北市大安區和平東路二段339號4樓

電　　　話：(02)2705-5066　　傳　　真：(02)2706-6100

網　　　址：https://www.wunan.com.tw

電子郵件：wunan@wunan.com.tw

劃撥帳號：01068953

戶　　　名：五南圖書出版股份有限公司

法律顧問　林勝安律師事務所　林勝安律師

出版日期　2016年 1 月初版一刷
　　　　　2019年 3 月初版三刷
　　　　　2020年11月二版一刷

定　　　價　新臺幣280元

經典永恆・名著常在

五十週年的獻禮 —— 經典名著文庫

五南，五十年了，半個世紀，人生旅程的一大半，走過來了。

思索著，邁向百年的未來歷程，能為知識界、文化學術界作些什麼？

在速食文化的生態下，有什麼值得讓人雋永品味的？

歷代經典・當今名著，經過時間的洗禮，千錘百鍊，流傳至今，光芒耀人；

不僅使我們能領悟前人的智慧，同時也增深加廣我們思考的深度與視野。

我們決心投入巨資，有計畫的系統梳選，成立「經典名著文庫」，

希望收入古今中外思想性的、充滿睿智與獨見的經典、名著。

這是一項理想性的、永續性的巨大出版工程。

不在意讀者的眾寡，只考慮它的學術價值，力求完整展現先哲思想的軌跡；

為知識界開啟一片智慧之窗，營造一座百花綻放的世界文明公園，

任君遨遊、取菁吸蜜、嘉惠學子！